신지학 입문서 **제4권**

카르마, 운명을 지배하는 법

카르마, 운명을 지배하는 법
신지학 입문서 제4권

초판 1쇄 발행 2025년 10월 31일

지은이 애니 베전트
편집·번역 남우현
펴낸이 남우현
펴낸곳 지식나무
출판등록 제2024-000043호

교정 한장희
디자인 정윤솔
편집 정윤솔
검수 정은솔, 윤혜성
마케팅 김윤길

주소 인천 부평구 마장로 10 4층(십정동, 함흥관)
전화 0507-1459-4145
팩스 0504-220-4142
이메일 treeok31@naver.com
카페 cafe.naver.com/theosophy
블로그 blog.naver.com/treeok31

ISBN 979-11-990745-7-6(03200)
값 16,800원

• 이 책의 판권은 지은이에게 있습니다.
• 이 책 내용의 전부 또는 일부를 재사용하려면 반드시 지은이의 서면 동의를 받아야 합니다.
• 잘못된 책은 구입하신 곳에서 바꾸어 드립니다.

신지학 입문서 제4권

카르마, 운명을 지배하는 법

Karma & A Study in Karma

저자 애니 베전트
편집·번역 남우현

지식나무

목차

신지학으로의 초대   11

1부. 카르마의 과학

서문   28
모든 것은 생각에서 시작됨을 밝히며   29
1. 법칙의 불변성   30
2. 카르마가 펼쳐지는 세계   32
    1) 3가지 차원 구조와 특징   32
    2) 심령계의 정령과 인간의 감각   35
3. 생각-에너지체의 생성   37
    1) 생각-에너지체의 생성 원리   37
    2) 창조된 실체의 특성   41
4. 생각-에너지체의 역학   45
    1) 생각-에너지체의 카르마적 원리   45
    2) 생각-에너지체의 상호작용과 외부 영향   47
    3) 집단 생각 에너지체와 그 결과   48

5. 카르마 형성의 원리   51
   1) 생애 주기와 카르마   51
   2) 영혼의 창조물인 정신 이미지   52
   3) 생각의 삼중적 현현   56
   4) 아카샤 기록과 완전한 책임   59

6. 생각이 카르마(운명)가 되는 과정   63
   1) 카르마의 주체로서의 자아   63
   2) 정신적 이미지의 생성과 사후 정화 과정   67
   3) 카르마의 재발현과 다음 생의 설계   70
   4) 데바찬에서의 변형   71
   5) 양심의 형성   76

7. 생성된 카르마의 작용   79
   1) 환생의 준비와 자아   79
   2) 운명의 설계자 카르마의 대천사   82
   3) 풍요와 결핍의 운명 창조   88
   4) 기구한 운명의 원인과 공정성   91
   5) 카르마 집행의 주체로서의 영혼   92

8. 카르마의 결과 직면하기   95
   1) 운명의 노예?   95
   2) 속박에서 자유로   97

9. 법칙을 활용한 운명 창조   99
   1) 의식적인 자기 창조   99
   2) 존재하는 카르마의 중화   101
   3) 미래를 수정하기 위한 지식   104
   4) 지식과 헌신을 통한 해방의 가속화   106

10. 카르마의 소멸   110
    1) 무집착의 원리   110
    2) 욕망의 초월과 신성한 봉사   114
11. 집단 카르마   117
    1) 개인과 집단 카르마의 상호 작용   117
    2) 인류의 생각이 빚어내는 재난과 격변   121

결어   125

2부. 카르마 연구

서론, 카르마의 과학   128

1. 자연법칙으로서의 카르마   130
   1) 운명을 다루는 지식   130
   2) 우주의 법과 인간의 법   132
   3) 벌이 아닌 결과로서의 연속성   134
   4) 존재의 법칙, 카르마   136

2. 존재의 동시성과 우주적 상호 연결   138
   1) 영원한 현재와 시간 속 인과율   138
   2) 존재의 일체성에서 작용하는 법칙   140
   3) 시간 속 인과관계의 펼쳐짐   142
   4) 인과율의 본질과 영원한 근원   145

3. 불변의 법칙에서 무한 가능성으로   148
   1) 우주 법칙에 대한 새로운 성찰   148
   2) 자유의 도구인 카르마   150

  3) 법칙의 불가침성   152
  4) 법칙을 지배하는 지식   154
  5) 법칙의 과학적 활용   155
  6) 운명의 개척과 환경과의 상호 작용   157

4. 카르마의 윤리학   159
  1) 세속적 착각, 선함과 성공의 분리   159
  2) 카르마의 이중장부: 행위와 동기의 분리   160
  3) 동기의 완성과 지혜의 빛   162

5. 자신의 운명을 만드는 인간   165
  1) 카르마가 작동하는 세 가지 세계   165
  2) 운명을 바꾸는 최초의 동력   167
  3) 운명을 바꾸는 지식   168

6. 운명을 엮는 세 가지 힘   170
  1) 카르마의 동력: 의지, 생각, 행동   170
  2) 카르마의 구조, 의식과 물질의 삼중성   172

7. 카르마의 첫 번째 끈, 생각   175
  1) 행동의 뿌리, 생각   175
  2) 생각이라는 건축가   176
  3) 인격이 곧 운명이다   178
  4) 주어진 운명을 넘어서는 길, 명상   179

8. 카르마의 두 번째 끈, 욕망   181
  1) 의지와 욕망   181
  2) 욕망 극복의 기술   182
  3) 죽은 욕망의 그림자   184
  4) 성장을 위한 도구, 욕망   186

9. 카르마의 세 번째 끈: 행위 … 188
  1) 행위가 빚어내는 환경과 육체 … 188
  2) 행위와 동기의 저울 … 191
  3) 육체의 멍에와 영혼의 정화 … 192

10. 운명을 다루는 방법 … 194
  1) 성장의 장(場)으로서의 환경 … 194
  2) 혈연의 의무와 인연의 창조 … 195
  3) 생을 넘어 계승되는 능력과 그 계발 … 197

11. 자신의 운명을 바꾸는 기술 … 199
  1) 운명을 바꾸기 위한 내면 작업 … 199
  2) 운명을 바꾸기 위한 노력 … 202
  3) 되돌아오는 법칙의 활용 … 205
  4) 현재의 기회와 과거의 인연 … 208

12. 공동의 운명, 집단 카르마 … 210
  1) 보이지 않는 공동의 책임 … 210
  2) 가족, 작은 운명 공동체 … 211
  3) 국가적 거대한 운명의 흐름 … 213
  4) 재난과 집단 카르마 … 215
  5) 집단 카르마의 흐름 속 개인의 역할 … 217
  6) 국가의 카르마와 이상의 힘 … 218
    (1) 인도의 카르마, 과거의 억압과 현재 … 218
    (2) 영국의 카르마, 식민주의의 업보 … 220
    (3) 프랑스 혁명, 사회적 불평등의 결과 … 221
    (4) 국가적 숭고한 이상의 힘 … 222

편집자 후기. 자신의 운명을 지배하는 법

1. 운명의 작동 원리   228
   1) 생각의 힘과 생각 에너지체의 생성   228
   2) 자신의 인격 형성의 원리   231
   3) 집단의식과 운명의 공명   236

2. 아카샤 기록과 카르마의 대천사들   240
   1) 전반적 운명 설계의 원칙   242
   2) 육체적 조건의 설계   243
   3) 사회적 환경의 결정   244

3. 자신의 운명을 창조하는 법   246
   1) 카르마의 원리의 이해와 활용   246
   2) 운명을 창조하는 세 가지 핵심 동력   247
   3) 의식적 운명 창조를 위한 실천 방법   248

4. 신성한 귀향 - 카르마의 궁극적 목적   252

신지학으로의 초대

1) 이 책이 갖는 의미

『카르마, 운명을 지배하는 법』은 신지학의 철학적 대들보이자 모든 영적 성장의 근간이 되는 "카르마 법칙"에 대한 가장 체계적이고 실용적인 안내서입니다. 이 책은 카르마를 숙명이나 운명론의 굴레가 아닌, 카르마의 원리를 이해함으로써 자신의 운명을 능동적으로 설계하고 궁극의 자유를 성취하게 하는 우주의 과학으로 제시합니다.

이 책은 신지학의 핵심 저서 두 권을 한데 엮어, 입문자부터 심화 탐구자까지 모든 독자를 아우를 수 있도록 구성했습니다. 1부 「카르마의 과학」은 신지학 입문서 4권인 『Karma』의 내용을 담아, 카르마 법칙의 기본 원리를 명료하게 설명하여 카르마의 핵심을 쉽게 파악하도록 돕습니다. 2부 「카르마 연구」는 애니 베전트의 심화 탐구서인 『A Study in Karma』를 바탕으로, 카르마 법칙이 어떻게 우리의 인격과 환경, 기회를 빚어내는지 그 복잡하고 정교한 작용 원리를 심층적으로 분석합니다.

 신지학 입문서 1권 『영혼의 몸체와 그 사용법』이 인간의 구조를 밝히고, 입문서 2권인 『윤회, 영혼의 성장과 환생』이 그 구조 안에서 영혼이 거쳐 가는 여정을 설명했다면, 이 책은 그 여정을 지배하는 절대 법칙, 즉 '왜 그러한 삶을 살게 되는가'에 대한 근본 원리를 해명합니다. 따라서 카르마에 대한 이해 없이는 윤회의 필연성과 영적 진화의 메커니즘을 온전히 파악할 수 없으며, 그런 의미에서 이 책은 신지학 사상의 완성을 위해 반드시 정복해야 할 핵심 관문입니다.

 독자들께서는 1부를 통해 카르마 법칙의 전체적인 그림과 기본 원리를 충분히 숙지하신 후, 2부를 통해 그 지식을 삶의 구체적인 문제들에 적용하며 심화해 나가시기를 권합니다. 이 순차적인 접근법은 난해하게 느껴질 수 있는 개념들을 체계적으로 소화하고, 카르마에 대한 지식을 피상적 이해를 넘어 삶을 변화시키는 실질적인 지혜로 전환하는 데 큰 도움이 될 것입니다.

 이러한 맥락에서, 이 책은 다음과 같은 핵심 통찰을 통해 독자의 내면을 일깨워 줄 것입니다:

운명에 대한 과학적 통찰과 자기 결정권의 회복

삶의 부조리와 고통, 불평등이 임의적인 사건이나 외부의 심판이 아니라, 생각과 욕망, 행동이라는 원인에 따른 필연적 결과임을 논증합니다. 이를 통해 카르마가 숙명론이 아닌, 자신의 미래를 창조할 힘을 부여하는 해방의 법칙임을 깨닫게 합니다.

인격과 환경을 창조하는 구체적인 법칙

우리의 생각이 어떻게 인격을 형성하고, 욕망이 어떻게 기회를 끌어당기며, 행동이 어떻게 물리적 환경을 구축하는지 그 구체적인 과정을 과학적으로 설명합니다. 이는 우리가 현재 겪는 모든 조건의 책임이 자신에게 있음을 인정하고, 더 나은 미래를 설계할 실질적인 방법을 제시합니다.

『카르마, 운명을 지배하는 법』은 혼란스러운 삶의 문제들에 명쾌한 답을 제시하고, 우리 각자가 자신의 우주를 책임지는 창조자임을 일깨우는 강력한 지혜의 서적입니다. 이 책은 운명의 파도에 휩쓸리는 대신, 법칙의 힘을 활용하여 스스로 항로를 개척하고자 하는 모든 이들에게 내면의 나침반이 되어 줄 것입니다.

부디 이 책이, 독자 여러분께 삶에서 겪는 모든 경험의 의미를 꿰뚫어 보는 통찰을 안겨 주고, 고통과 시련마저도 성장의 발판으로 삼는 영적 연금술의 비밀을 알려 주는 계기가 되기를 바랍니다. 그리하여 마침내 운명의 지배자로서 우뚝 서는 여러분의 위대한 여정에 이정표가 되기를 진심으로 기원합니다.

2) 애니 베전트, 사회개혁가에서 진리 탐구자로

애니 베전트(Annie Besant, 1847~1933)는 19세기 후반부터 20세기 초반까지 사회 개혁과 영적 탐구 분야에서 막대한 영향을 미친 다채로운 인물입니다. 작가, 연설가, 사회 운동가, 신지학자로서 그녀는 당시의 사회적, 영적 변화를 이끌었습니다.

초기의 삶과 사회 개혁 활동
런던에서 태어난 베전트는 20세에 성공회 성직자 프랭크 베전트와 결혼했지만, 종교적 회의와 사상적 갈등으로 결혼 생활은 순탄치 않았습니다. 1873년 별거 후, 그녀는 자신의 신념과 가치관을 추구하며 여성의 권리와 노동자 계급의 처우 개선에 깊은 관심을 가지게 됩니다.

베전트는 찰스 브래들로우와 함께 출산 조절과 피임에 관한 정보를 담은 책을 출판하며 사회적 파장을 일으킵니다. 당시 금기시되던 주제를 다루면서도, 그녀는 여성의 자기 결정권과 사회적 불평등에 맞서 당당히 목소리를 낸 것입니다. 1888년에는 브라이언트 앤 메이 성냥 공장 여성 노동자들의 파업을 지원, 노동 환경 개선과 노동자

권익 향상에 힘썼습니다. 이를 통해 사회 개혁가로서 뚜렷한 존재감을 드러내며, 당대의 불의에 맞서는 상징적인 인물로 자리 잡게 됩니다.

신지학과의 운명적 만남

1889년, 베전트는 헬레나 블라바츠키[1]의 저서 『비밀의 교리(The Secret Doctrine)』를 읽고 깊은 감명을 받게 됩니다. 동서양의 신비주의와 철학을 통합하여 우주와 인간의 본질을 탐구하는 이 책은 그녀의 인생에 큰 전환점이 됩니다. 이후 1890년 블라바츠키를 직접 만나기 위해 파리로 향했으며, 블라바츠키를 만난 이후 신지학에 전념하게 되면서 페이비언 협회[2]를 탈퇴합니다.

블라바츠키로부터 훈련을 받은 베전트는 1894년 동료 신지학자인 C. W. 리드비터와 함께 초감각적 지각능력을 개발하여 심령 세계와 초자연 현상을 탐구하게 됩니다. 이 과정에서 『오컬트 화학(Occult Chemistry)』과 『마음 사용 설명서(Thought-Forms)』 같은 저서를 출판합니다. 『오컬트 화학』에서는 원자와 분자의 구조를 초감각

---

[1] H. P. 블라바츠키(Helena Petrovna Blavatsky, 1831~1891): 러시아 출신의 신비주의자이자 신지학(Theosophy)의 공동 창시자. 1875년 미국 뉴욕에서 헨리 스틸 올컷, 윌리엄 콴 저지와 함께 신지학협회를 설립하고, 동서양의 고대 지혜를 통합한 신지학 운동을 이끌었다.

[2] 페이비언 협회(Fabian Society): 1884년 영국 런던에서 설립된 사회주의 성향의 지식인 단체이다. 급진적 혁명 대신 점진적이고 평화로운 개혁을 통해 사회주의를 실현하려 했으며, 조지 버나드 쇼와 시드니·비트리스 웹 부부 등이 주요 인물이었다. 애니 베전트는 한때 이 협회의 주요 활동가였으나, 신지학에 심취한 이후 탈퇴했다.

적으로 관찰하여 설명했으며, 『마음 사용 설명서』는 인간의 생각과 감정이 에너지 형태로 색과 모양으로 표현된다고 설명해 당시 혁신적인 개념으로 평가받습니다. 이는 이후 뉴에이지 운동과 영적 자기계발에 큰 영향을 미쳤습니다.

인도에서의 사명

1893년 처음 인도를 방문한 이후, 베전트는 그곳에 정착하여 신지학의 가르침을 전파하는 동시에 인도의 독립과 자치에 깊은 관심을 가지게 되었습니다. 그녀는 인도 독립운동을 적극적으로 지원하기 위해 인도 자치 연맹(Home Rule League)을 설립했고, 이는 간디가 인도 정치의 중심인물로 부상하기 이전, 독립운동의 중요한 기반을 마련하는 데 큰 역할을 합니다. 또한, 베전트는 인도 독립을 위해 1885년에 설립된 중요한 정치 조직인 인도 국민회의[3]의 첫 여성 회장으로 1917년에 선출되어 많은 인도인들에게 큰 영감을 주었습니다. 인도의 교육 발전에도 기여하여 1907년, 힌두교 전통과 서구

---

3 인도 국민회의(Indian National Congress, INC): 1885년 창립된 인도 최대의 민족주의 정치 조직으로, 후에 인도 독립운동의 중심 세력이 되었다. 애니 베전트는 1917년, 인도 국민회의의 첫 여성 의장으로 선출되며 인도 자치(Home Rule) 운동을 이끌었다. 그녀의 지도는 영국 통치하에서 인도인의 정치적 권리 확대와 자치 요구를 제도화하는 데 중요한 전환점을 마련했다. 애니 베전트와 마하트마 간디는 초기에 인도의 자치권 확대라는 공통 목표를 공유했으나, 운동 방식에서는 차이를 보였다. 베전트는 영국과 협력하여 점진적 개혁을 추진하는 입장이었고, 간디는 비폭력 저항과 비협력 운동을 통해 완전한 독립을 지향했다. 이후 간디가 인도 독립운동의 중심인물로 부상하면서, 베전트의 영향력은 상대적으로 줄어들었다.

교육을 통합한 센트럴 힌두 칼리지를 설립했으며, 이는 후에 베나레스 힌두 대학교(Banaras Hindu University)의 토대가 되었습니다. 베전트의 이러한 활동은 인도 사회에 지대한 변화와 영감을 불어넣었습니다.

3) 신지학의 우주와 인간론

(1) 진리 탐구 방법

신지학(Theosophy)은 그리스어 'Theos(신)'와 'Sophia(지혜)'를 합성한 말로, '신성한 지혜'를 뜻합니다. 이는 단순한 철학이나 종교를 넘어, 우주와 인간 존재의 근원적 진리를 탐구하려는 깊은 정신적 전통입니다. 19세기 후반, 헬레나 페트로브나 블라바츠키, 헨리 스틸 올컷, 윌리엄 콴 저지에 의해 1875년 뉴욕에서 신지학협회가 설립되면서, 체계적 운동으로 발전하게 되었습니다.

신지학은 인간의 일반적 인식 능력을 초월하는 고차원적 관찰을 통해, 다양한 종교와 철학 속에 숨겨진 보편적 진리를 밝혀내려 합니다. 힌두교와 불교를 비롯한 동양의 지혜, 고대 이집트와 그리스, 로마의 신비 전통 등을 연구하고, 이를 현대적 맥락에서 새롭게 해석하려 노력했습니다. 이 과정에서 신지학은 물질세계를 넘어 존재하는 보이지 않는 차원들과 그 상호작용에 대한 깊은 통찰을 제시합니다.

특히 블라바츠키의 『Isis Unveiled』와 『The Secret Doctrine』은 이러한 비전 지식을 체계적으로 정리하여 현대 세계에 큰 영향을 미쳤습니다.

신지학의 가르침은 단지 이론적 주장이 아닌 블라바츠키, 애니 베전트, C. W. 리드비터와 같은 초감각적 인식자들의 심령적 탐구와 직접적 관찰을 통한 결과이기도 합니다. 이들의 관찰에 따르면, 우주는 하나의 신성한 본질로 서로 깊이 연결되어 있으며, 시간과 공간을 초월하여 끊임없이 순환하는 거대한 생명체와 같습니다. 또한 신지학은 우주가 다차원적 구조를 지니고 있으며, 인간 역시 그 축소판으로서 다차원적 존재로 이루어져 있다고 설명합니다. 인간은 이 구조 속에서 카르마와 윤회의 법칙을 따라 끊임없이 성장하고 진화하며, 궁극적으로는 영적, 정신적, 육체적 완성을 이루어 신성과 합일하는 존재로 나아갑니다.

(2) 신지학의 우주론

신성한 통일성

비전 지식들과 초월적 인식의 관찰을 바탕으로 한 신지학의 첫 번째 핵심 원리는 일원론으로 우주가 근원적으로 하나의 본질로 연결되어 있다는 사상입니다. 이는 인간뿐만 아니라 동물, 식물, 광물, 심지어 보이지 않는 미세한 입자에 이르기까지, 우주 만물이 하나의 '절대자(The Absolute)'로부터 발현된 존재임을 의미합니다. 이를 통해 우리는 우주를 단순히 물질적 현상의 집합으로 보지 않고, 살아 숨 쉬는 하나의 거대한 유기체로 이해하게 됩니다. 마치 태양에서 퍼져나간 무수한 광선이 본질적으로 하나의 빛에서 비롯된 것처럼, 각기 다른 존재들은 모두 하나의 신성한 생명 에너지에서 나뉘어 나온 것입니다. 이러한 인식은 종교, 인종, 문화의 경계를 넘어선 보편적 형제애를 이끌어 내며, 인간이 서로를 이해하고 존중하며 조화롭게 살아가는 데 필수적인 정신적 토대를 제공합니다. 신지학에서는 이 절대적 존재를 '하나(The One)', 혹은 '근원의 존재(The One Existence)'로 부릅니다. 이 존재는 형태를 초월하고, 모든 생명과 물질의 배후에서 숨 쉬는 살아 있는 실재입니다. 인간이 진정한 영적 진화를 이루기 위해서는, 자신과 타인을 이 신성한 일체성의 일부로 인식하고, 나와 세계를 갈라놓는 모든 허상을 넘어설 수 있어야 한다고 신지학은 가르칩니다.

순환하는 우주

신지학적 관점에서 우주는 시작도 끝도 없이 영원히 순환하는 거대한 생명체와 같습니다. 우주의 리드미컬한 순환은 "만반타라"와 "프랄라야"라는 두 가지 주기로 설명됩니다. 마치 거대한 생명체의 호흡과 같이, 우주는 만반타라 시기에는 활동하며 창조와 진화를 거듭하고, 프랄라야 시기에는 휴식하며 고요함 속으로 돌아갑니다. 만반타라는 우주가 깨어나 활발히 움직이는 활동기로, 비유하자면 낮과 같은 시간입니다. 이 시기에 우주는 물질적, 정신적, 영적 차원에서 끊임없이 진화하며 새로운 창조를 이룩합니다. 반면, 프랄라야는 우주가 잠들어 고요해지는 휴지기로, 밤과 같은 시간입니다. 이 시기에 우주는 활동을 멈추고 다음 만반타라를 위한 준비를 합니다. 이 두 주기는 영원히 반복되며 우주의 끝없는 진화를 이끌어 갑니다.

다차원 시공간

나아가, 신지학에서는 우리가 감각적으로 경험하는 선형적인 시간과 3차원적 공간 개념을 넘어, 더 높은 차원의 시공간을 제시합니다. 신지학의 가르침에 따르면, 고차원에서는 과거, 현재, 미래가 동시에 존재하는 '영원한 현재'가 펼쳐지며, 물질세계의 제약을 받지 않는, 보다 자유롭고 확장된 공간이 존재합니다. 이러한 고차원적 시공간은 우리의 제한된 감각으로는 인지하기 어렵지만, 명상과 수행을 통해 의식이 확장되면 경험할 수 있다고 합니다. 이와 같은 신지학의 우주관은 시간과 공간의 상대성을 다루는 현대 물리학의 이론과도 흥미로운 접점을 보여 줍니다. 특히 양자역학에서 제시하는 중첩과 얽힘 현상은 신지학의 다차원적 세계관과 유사한 점이 많습니다.

인간과 다차원 시공간

신지학에서는 우주가 일곱 개의 주요한 층, 즉 차원(Planes)으로 이루어져 있다고 설명합니다. 마치 일곱 개의 음으로 이루어진 음계처럼, 각 층은 고유한 진동수와 에너지 패턴을 지니고 있습니다. 이

층들은 가장 높은 차원의 신성한 영역부터 가장 낮은 차원의 물질 영역까지, 정묘함의 정도에 따라 점차적으로 배열되며, 각 차원은 고유한 특성과 법칙을 지니고 있습니다.

이러한 우주의 계층 구조는 인간에게도 동일하게 적용됩니다. 신지학에서는 인간 역시 우주의 축소판으로서 다차원적인 구조체(흔히 '몸체(Body)' 또는 '원리(Principle)'로 표현됨)로 구성되어 있다고 봅니다. 인간을 구성하는 각 요소는 우주의 여러 차원과 상응하며, 인간의 의식과 영적 진화에 깊이 관여합니다. 즉, 인간은 단순히 육체만을 가진 존재가 아니라, 영적이고 신성한 본질을 지닌 다차원적 존재라는 것입니다. 다음은 신지학에서 설명하는 우주의 주요 차원과, 그에 상응하는 인간 의식의 표현 양상 및 관련 '몸체'에 대한 개요입니다.

다차원 우주와 의식(영혼)의 몸체

1) 상대계

차원		내용	몸체
물질계		물질계는 3차원의 세계로, 시간과 공간의 제약을 받는 우주입니다. 인간의 오감으로 인식 가능한 현실 세계로서, 영혼이 다양한 체험을 통해 배우고 성장하는 학습의 장이며, 영적 진화를 위한 중요한 무대입니다. 영혼은 현재 우리가 경험하고 있는 육체를 통해 이 물질계에서 자신을 표현하고, 경험을 축적해 나갑니다.	육체
심령계		심령계는 4차원의 세계로, 공간적 제약을 초월하는 유동적인 차원입니다. 이 영역은 감정과 욕망이 활동하는 차원으로, 물질계보다 미세하고 변화무쌍한 에너지로 구성되어 있습니다. 영혼은 심령체를 통해 감정과 욕망을 담아 표현하며, 이 차원에서 자신을 드러냅니다. 잠자는 동안의 꿈, 또는 육체의 죽음 이후에 주로 접하게 되는 세계입니다.	심령체
정신계	하위 정신계	하위 정신계는 5차원의 세계로, 시간과 공간의 한계를 초월한 차원입니다. 이 영역은 논리적 사고, 분석, 추론 등 구체적이고 일상적인 생각 작용이 이루어지는 곳이며, 흔히 형상의 세계라고도 불립니다. 생각이 뚜렷한 형태를 이루며 작용하는 이 영역에서, 영혼은 정신체를 통해 하위 정신계를 경험하게 됩니다.	정신체
	상위 원인계	**상위 정신계는 원인계로도 불리며**, 추상적 사고, 영적 이념, 원형(archetype)이 존재하는 고차원의 세계입니다. 이 영역은 신성한 로고스의 지성이 능동적으로 작용하는 차원으로, 영혼은 순수한 생각의 형태로 존재하며, 우주적 진리와 원리를 직관적으로 인식합니다. 원인체는 영혼의 영원한 본체로서, 모든 경험과 지혜를 저장하는 역할을 하며, 상위 정신계에 속합니다.	원인체

2) 절대계

차원	내용
붓디계	붓디계는 직관, 지혜, 보편적 사랑이 충만한 차원입니다. 이 영역은 신성한 로고스(Logos)의 사랑과 지혜가 직접적으로 표현되는 수준으로, 개별성과 통일성이 완벽한 조화를 이룹니다. 이곳에서 영혼은 우주적 진리와 깊이 있는 합일을 이루며, 높은 수준의 영적 통찰과 전체성과의 통합을 경험하게 됩니다.
아트믹계	아트믹계는 순수한 영적 의지와 신성한 힘이 작용하는 차원입니다. 아트마(Ātma)는 산스크리트어로 '참된 자아' 혹은 '영적 본질'을 뜻하며, 이 계는 개인의 영적 의지와 우주적 의지가 하나로 결합되는 고차원의 실재 공간입니다.
모나드계	모나드계는 개별 의식의 궁극적 근원이 존재하는 차원입니다. 신지학에서 모나드(Monad)는 각 존재의 고유한 진동과 신성한 목적을 지닌 근원적 단위를 의미하며, 이는 '영혼'과는 구별되는 보다 본질적인 실체입니다. 영혼의 근원, 혹은 영적 생명의 씨앗으로 이해할 수 있습니다.
아디계	아디계는 모든 존재의 최초 원천이며, 우주의 궁극적 실재가 자리한 차원입니다. 이 영역은 모든 현상의 기초가 되는 절대적 차원으로, 인간의 언어나 지성으로는 온전히 파악하기 어려운 신성한 본체의 수준을 나타냅니다.

(3) 신지학의 인간론

신지학에서 인간은 단순한 생물학적 존재를 넘어, 영적 진화의 장대한 여정에 참여하는 다차원적 존재로 이해됩니다. 인간의 본질과 목적, 그리고 그 진화의 과정은 신지학 인간론의 핵심 주제입니다.

첫째, 인간은 내면에 신성한 잠재력을 지닌 존재입니다. 신지학은 모든 인간이 궁극적으로 '절대자' 또는 '하나의 생명'으로부터 발현된 신성한 불꽃(Divine Spark)을 내재하고 있다고 봅니다. 따라서 인간의 삶과 진화의 궁극적인 목표는 자신의 내면에 잠재된 이 신성한 본질을 인식하고, 계발하며, 완전히 발현하는 것입니다. 이 여정은 물질적 세계의 한계를 초월하여 더 높은 의식 상태에 도달하고, 궁극적으로는 우주적 근원과의 합일을 이루는 과정으로 그려집니다.

둘째, 인간의 영적 진화는 카르마와 윤회의 법칙을 통해 이루어집니다. 신지학은 영혼이 여러 생을 거듭하며 진화한다는 윤회의 개념을 핵심 교리로 받아들입니다. 이 과정에서 카르마의 법칙이 작용하는데, 이는 우리의 모든 생각, 감정, 행동이 미래의 경험과 결과를 결정한다는 우주적 인과율입니다. 카르마는 단순한 보상이나 처벌의 개념이 아니라, 영혼이 자신의 행동과 그 결과로부터 배우고 성장하며, 균형을 회복하고 지혜를 얻을 수 있는 기회를 제공하는 체계적인 과정으로 이해됩니다. 매 생애에서 우리는 이전 생에서 배운 것들과 미해결된 과제들을 토대로 새로운 경험과 도전을 마주하며, 이를 통해 점진적으로 영적 성숙과 깨달음을 향해 나아갑니다.

셋째, 내면의 신성을 발견하고 계발하기 위한 실천적 방법들이 강조됩니다. 신지학은 명상, 자기 성찰, 고대 지혜의 학습, 윤리적인 삶, 그리고 타인과 세계에 대한 봉사 등을 통해 자신의 내면을 탐구하고 더 높은 의식 상태에 도달할 수 있다고 가르칩니다. 이러한 실천들은 개인이 물질적 감각의 지배를 넘어 자신의 참된 자아, 즉 상위 자아(Higher Self)와 연결되고, 우주적 진리에 대한 직관적 이해를 심화시키는 데 도움을 줍니다. 내면의 신성을 발견하는 과정은 자기 자신을 진정으로 이해하고 수용하는 여정이며, 이를 통해 우리는 삶의 더 깊은 의미와 목적, 그리고 방향성을 명확히 할 수 있습니다.

결론적으로, 신지학의 인간론은 인간을 물질적 존재인 동시에 영적 가능성을 지닌 존재로 조명하며, 끊임없는 학습과 성장을 통해 궁극적 자아실현과 우주적 합일을 향해 나아가는 역동적인 진화의 주체로 간주합니다. 이러한 개인의 영적 성장은 단지 개인의 해방에 그치는 것이 아니라, 인류 전체의 의식 수준을 향상시키고 더 조화롭고 자비로운 세계를 만드는 데 기여한다고 신지학은 가르칩니다.

편집자

1부
카르마의 과학

서문

이 작은 책을 세상에 내놓으며 몇 마디 덧붙이고자 합니다. 이 책은 신지학의 가르침을 쉽게 설명해 달라는 대중의 요구를 충족시키기 위해 기획된 일련의 소책자 중 네 번째 책입니다.

어떤 이들은 저희 문헌이 일반 독자에게 너무 난해하고, 너무 전문적이며, 너무 비싸다고 불평해 왔습니다. 저희는 이번 시리즈가 이러한 실질적인 요구를 충족시키는 데 성공하기를 바랍니다. 신지학은 학자만을 위한 것이 아닙니다. 모든 사람을 위한 것입니다. 이 작은 책들을 통해 신지학의 가르침을 처음 접하는 사람들 중에 학생의 열정과 초심자의 열의로 더 심오한 문제들에 직면하며 신지학의 철학, 과학, 종교를 더 깊이 탐구하도록 이끌리는 소수의 사람들이 있을지도 모릅니다.

그러나 이 소책자들은 어떠한 초기 어려움에도 굴하지 않는 열렬한 학생들을 위해 쓰인 것이 아닙니다. 이 책들은 바쁜 일상생활을 살아가는 남녀들을 위해 쓰였으며, 삶을 견디기 쉽게 하고 죽음을 마주하기 쉽게 하는 위대한 진리들 중 일부를 명확히 하고자 합니다. 우리 인류의 앞서 있는 형제들인 스승들의 하인들이 쓴 이 책들은 우리 동료 인간들을 섬기는 것 외에 다른 목적을 가질 수 없습니다.

모든 것은 생각에서 시작됨을 밝히며

　인간의 모든 생각은 한번 떠오르면 에테르 원소와 결합하면서 하나의 살아 있는 실체(생각의 에너지체)가 됩니다. 이렇게 만들어진 생각의 에너지체는 그것을 만들어 낸 당시 생각의 강도에 따라 짧거나 긴 시간 동안 독자적인 지성을 가진 존재로 살아남습니다. 선한 생각은 이로운 힘으로 오래도록 작용하고, 악한 생각은 해로운 존재로 남아 영향을 미칩니다.

　이처럼 인간은 자신이 만들어 낸 생각과 감정의 에너지체를 자신의 삶의 공간에 끊임없이 퍼뜨리고 있는 셈입니다. 이 생각들로 이루어진 흐름은 그것이 지닌 에너지의 강도에 따라, 그것과 접촉하는 민감하거나 신경이 예민한 존재에게 영향을 미칩니다. 불교에서는 이 흐름을 "스칸다(Skandha)"라 부르고, 힌두교에서는 "카르마(Karma)"라고 합니다. 아뎁트[4]는 이러한 생각의 에너지체들을 의식적으로 만들어 내지만, 대부분의 사람들은 그것이 생겨나는 줄도 모른 채 무심코 뿜어내듯 퍼뜨립니다.

4　아뎁트(Adept): 아뎁트는 물질계와 심령계, 정신계를 초월하여 자아와 우주의 본질을 통달한 고도로 깨달은 자를 뜻한다. 오랜 수행과 윤회를 거쳐 인간 의식의 최고 경지에 도달한 존재로, 흔히 '스승(Master)'이라 불리는 이들과 겹친다. 그들은 비전의 보존자이며, 인류 진화를 돕는 영적 사역자이다.

1. 법칙의 불변성

우리는 우주 법칙의 지배 아래 살고 있으며, 그 법칙들은 우리가 결코 깨뜨릴 수 없는 것들입니다. 이는 자명한 사실입니다. 그러나 이 사실이 실질적이고 본질적인 차원에서 인식되고, 이러한 법칙이 물질적 세계뿐만 아니라 정신적·도덕적 차원에서도 동일하게 작용한다는 점이 분명해질 때, 우리는 마치 거대한 힘에 의해 억눌려 그것에 의해 좌지우지되는 듯한 무력감을 느끼기 쉽습니다.

그러나 실제로는 정반대입니다. 왜냐하면 그 강력한 힘은 일단 이해되면, 오히려 우리가 원하는 방향으로 유순하게 우리를 인도하게 되기 때문입니다. 자연, 즉 우주 법칙의 모든 힘은 이해되는 만큼 활용될 수 있습니다. "자연은 순종함으로써 정복된다"라는 말처럼, 우리가 지식을 통해 자연의 에너지들과 대립하는 것이 아니라 협력하는 순간, 그 에너지들은 우리의 명령에 응답하게 됩니다. 우리는 자연의 무한한 저장고에서 목적에 맞는 운동량과 방향을 가진 힘을 선택할 수 있으며, 그 힘들의 불변성은 곧 우리의 성공을 보장합니다.

자연법칙의 불변성은 과학 실험의 안정성과 결과의 계획, 미래에 대한 예측 가능성의 근거가 됩니다. 화학자는 이 점을 전제로 삼아, 자신이 질문을 정확히 던진다면 자연은 항상 동일한 방식으로 반응할 것이라 믿습니다. 만일 결과에 변화가 있다면, 그것은 자연이 아니라 질문의 방식, 즉 자신의 실험 절차에 변화가 있었음을 의미합니다.

이러한 원리는 인간의 행동에도 동일하게 적용됩니다. 인간의 지식이 깊어질수록 예측의 정확성 또한 높아지는데, 이는 모든 '생각'이 무지에서 비롯되며, 그러한 생각은 알려지지 않았거나 간과된 법칙의 작용 때문이라는 사실을 보여 줍니다. 물질적 세계뿐 아니라 정신적, 도덕적 차원에서도 결과는 예측하고, 계획하며, 계산할 수 있습니다. 자연은 결코 우리를 배신하지 않습니다. 우리가 배신당한다고 느끼는 것은 오직 우리 자신의 무지 때문입니다. 모든 세계에서 지식의 증가는 곧 힘의 증가를 의미하며, 전지(全知)와 전능(全能)은 결국 하나입니다.

법칙이 물질계에서 그러하듯 정신적, 도덕적 차원에서도 동일하게 불변해야 한다는 것은 당연한 일입니다. 왜냐하면 우주는 유일자(The ONE)의 발출이며, 우리가 '법칙'이라 부르는 것은 다름 아닌 신성한 본질(Divine Nature)의 표현이기 때문입니다. 모든 것을 발산하는 하나의 생명이 존재하듯, 모든 것을 지탱하는 하나의 법칙도 존재합니다. 세계는 이 신성한 본질이라는 반석 위에 놓여 있으며, 그것이 곧 우주의 안전하고 변함없는 기반이 되는 것입니다.

2. 카르마가 펼쳐지는 세계

1) 3가지 차원 구조와 특징

스승이 제안한 방식대로 카르마의 작용을 연구하려면, 우리는 우주의 세 가지 하위 차원(물질계, 심령계, 정신계)들과 그에 대응하는 원리들에 대한 명확한 이해를 갖추어야 합니다. 이 차원들에 부여된 이름은 그 안에서 작용하는 의식의 상태를 나타냅니다. 이러한 차원들과, 그 차원을 방문할 때 의식 있는 실체가 사용하는 몸체들을 함께 보여 주는 도표는 학습에 큰 도움[5]이 됩니다. 실질적인 오컬티즘에서 학생은 이러한 차원들을 실제로 방문하는 법을 배우며, 그 과정을 통해 이론을 직접적인 지식으로 전환하게 됩니다.

가장 조밀한 몸체인 육체는 물질계에서의 의식 활동을 담당하며, 이 차원에서 의식은 뇌의 기능에 의해 제한됩니다. '미세한 몸체'라는 용어는 심령계라고 불리는 복잡한 영역 내의 다양한 조건들에 각각 적합한 여러 심령체들을 아우르는 표현입니다. 데바찬계[6]에는 하위

---

[5] 22 페이지의 '다차원 우주와 의식의 몸체'의 표를 기준으로 원서의 내용인 '존재의 차원 및 구성 원리 대응표'의 내용을 참고하는 것이 더 좋다.

[6] 데바찬계(Devachanic Plane): "신들의 거처"라는 뜻으로, 영혼이 사후(死後) 카마로카(Kamaloka)에서의 정화를 마친 후 다음 생으로 환생하기 전까지 머무는 천상계(天上位). 이곳에서 영혼은 지상에서 가졌던 가장 고귀하고 순수한 열망들을 바탕으로 완전한 행복과 지복을 경험하며 영적인 휴식을 취한다.

정신계인 형상의 영역과 상위 정신계인 무형의 영역이 존재합니다. 하위 정신계에서 의식은 정신계의 물질로 이루어진 정신체(mental body)를 의식의 몸체로 사용합니다. 그리고 무형의 영역인 상위 정신계에서 의식은 원인체(causal body)를 의식의 몸체로 사용합니다. 붓디계에 대해서는 더 이상의 설명이 필요 없을 것입니다.

존재의 차원 및 구성 원리 대응표

차원		의식 상태	구성 요소	대응 몸체
영적		슈슙틱 상태[7]	붓디(Buddhi)	영적 몸체 (Spiritual Body)
정신적	상위	데바찬 상태	마나스(Manas)	원인체 (Causal Body)
	하위			정신체 (Mind Body)
심령적		고등 심령 상태	카마-마나스 (Kama-Manas)	심령체 (미세한 몸체)
		저등 심령 상태	카마(Kama)	
물질적		물질계 상태	에테르체, 육체	조밀한 몸체

---

7 수슙틱 상태: 인도 철학에서 '수슙티(Suṣupti)'는 꿈 없는 깊은 잠의 상태를 의미하며, 신지학에서는 개체적 자아가 완전히 침잠하고 의식이 상위 차원(붓디·아트마)에 융합되는 가장 미묘하고 고차원적인 의식 수준이다.

이 차원들의 물질은 서로 동일하지 않으며, 일반적으로 하위 차원의 물질일수록 더 조밀합니다. 이것은 자연의 '닮음의 원리'에 따른 것으로, 진화가 하강 단계에서는 미세하고 섬세한 상태에서 점점 더 조밀하고 물질적인 상태로 진행되기 때문입니다.

이러한 차원들에는 매우 다양한 존재 계층이 존재하며, 그 범위는 영적 영역의 고귀한 지성체에서부터 물질계에 속한 가장 낮은 무의식적 정령에 이르기까지 넓게 퍼져 있습니다. 모든 차원에서 영(Spirit)과 물질은 각각의 입자 안에 결합되어 존재하며, 각 입자는 물질을 몸체로 삼고, 영을 생명으로 지니고 있습니다. 이렇게 형성된 입자들의 독립된 집합체들, 곧 각양각색의 분리된 형상들은, 그 형상의 등급에 따라 다양한 등급의 살아 있는 존재들에 의해 생명이 부여됩니다.

이처럼 영적 생명이 깃들지 않은 형체는 존재하지 않으며, 그 형체에 생명과 기능을 부여하는 존재는 가장 고귀한 지성체일 수도, 가장 낮은 정령일 수도 있으며, 그 사이에 존재하는 무수한 계층의 존재들 중 하나일 수도 있습니다.

2) 심령계의 정령과 인간의 감각

이제 우리가 중점적으로 다루게 될 존재들은 심령계에 속한 존재들입니다. 이들은 인간에게 감각의 몸체인 욕망체(카마 루파)를 부여하며, 실제로는 욕망체(심령체)의 심령적 골격 안에서 형성되어 인간의 심령 감각을 활성화합니다. 전문 용어로 이들은 동물계의 루파 데바타(rupa devatas)라 불리며, 불리며, 외부의 진동을 감각으로 전환시키는 역할을 합니다.

카마(욕망) 정령[8]들의 가장 두드러진 특징은 단순히 진동에 반응하는 것을 넘어, 그 진동을 '느끼는' 능력에 있습니다. 심령계는 다양한 의식 수준을 지닌 이 존재들로 가득 차 있으며, 이들은 모든 종류의 외적 충격을 받아들여 그것을 감각으로 통합합니다. 따라서 이러한 정령들로 구성된 몸체(심령체)를 지닌 존재는 감각을 느낄 수 있으며, 인간 역시 바로 이 심령체를 통해 감각을 느낍니다.

여기서 중요한 점은, 인간이 자신의 육체를 이루는 미세한 입자나 세포 차원에서 의식적으로 활동하지는 않는다는 사실입니다. 각각의 세포는 고유한 의식을 지니고 있으며, 이를 통해 인간의 생리적 기능이 자율적으로 유지됩니다. 그러나 이러한 세포들로 이루어진 몸의

---

8 정령(elementals): 정령은 자연계와 심령계의 여러 차원에서 활동하는 미세한 생명 존재로, 의식 수준에 따라 무의식적이거나 반응적인 형태로 작용한다.

주체인 인간은 그 의식을 공유하지 않으며, 세포가 영양분을 선택하고, 동화하며, 분비하고, 조직을 형성하는 과정에 개입하지 못합니다. 예컨대 인간은 자신의 의식을 심장의 하나의 세포에 집중하여, 그 세포가 정확히 무엇을 하고 있는지를 인식할 수 없습니다.

그 이유는, 인간의 의식이 이러한 미세한 물질 수준이 아니라 본래 심령계에서 정상적으로 기능하기 때문입니다. 심령계에서도 더 높은 수준에서는 마음이 작용하지만, 그 마음은 욕망(카마)과 뒤섞인 상태이며, 순수한 마나스(정신)는 이 차원에서 직접적으로 기능하지 않습니다.

그리고 바로 이 심령계가, 인간의 욕망체를 구성하는 정령들과 동일한 성질을 지닌 정령들로 가득 차 있습니다. 이들은 또한 하등 동물의 더 단순한 심령(욕망)체를 형성하기도 합니다. 인간은 자신의 욕망적 본성을 통해 이 정령들과 직접적으로 연결되며, 주변의 매력적이거나 혐오스러운 대상들과의 연계를 형성합니다. 인간은 자신의 의지, 감정, 욕망을 통해 이 무수한 존재들에게 영향을 미치고, 이 정령들은 인간이 발산하는 감정의 진동에 극도로 민감하게 반응합니다. 인간의 심령(욕망)체는 이러한 상호작용의 장치로서, 외부에서 들어오는 진동을 감각으로 통합하는 동시에, 내면에서 발생한 감정을 외향적 진동으로 분리하고 방출하는 이중 작용을 수행합니다.

3. 생각-에너지체의 생성

1) 생각-에너지체의 생성 원리

이제 우리는 스승의 가르침을 더 명확하게 이해할 수 있게 되었습니다. 마음은 고유의 영역, 즉 상위 심령계의 미묘한 물질 속에서 작용하며 이미지를 생성하는데, 이것이 바로 '생각-에너지체'입니다. 상상력이 '마음의 창조적 능력'이라고 불리는 것은 매우 정확한 표현입니다. 이는 그 용어를 사용하는 사람들이 추측하는 것보다 훨씬 더 문자 그대로의 의미에서 사실입니다. 이처럼 이미지를 생성하는 능력이야말로 마음의 본질적인 힘이며, 단어란 이러한 정신적 이미지를 부분적으로나마 표현하려는 서투른 시도에 불과합니다.

하나의 관념, 즉 정신적 이미지는 복잡한 것이어서, 그것을 정확하게 묘사하려면 때로 문장 전체가 필요합니다. 그래서 우리는 그 관념 속의 두드러진 특징 하나를 포착하고, 그 특징을 나타내는 단어를 사용하지만, 그 단어는 전체 이미지를 불완전하게 표현할 뿐입니다. 가령 우리가 '삼각형'이라고 말하면, 그 단어는 듣는 이의 마음속에 하나의 그림을 떠올리게 합니다. 하지만 그 그림을 말로 온전히 전달하고자 한다면 매우 긴 설명이 필요할 것입니다. 우리는 상징을 통해 가장 잘 사고하며, 그런 다음 그 상징을 단어라는 형태로 힘들게, 그리고 불완전하게 요약해 내는 것입니다.

마음이 마음에게 직접 이야기하는 영역에서는 언어로는 결코 전달할 수 없는 완전한 표현이 존재합니다. 심지어 제한된 수준의 생각-전이(thought-transference)조차도 단어가 아니라 관념 자체를 전송하는 것이며, 말하는 이는 내면의 이미지를 단어로 표현하고, 듣는 이는 그 단어를 통해 유사한 그림을 떠올리는 것입니다.

마음은 본질적으로 그림, 즉 이미지의 영역에서 작용하며, 단어의 영역에서는 직접 작용하지 않습니다. 따라서 많은 논쟁과 오해는 사람들이 동일한 단어에 서로 다른 이미지를 부여하거나, 같은 이미지를 각기 다른 단어로 표현하려 하기 때문에 발생합니다.

그러므로 생각-에너지체란 앞서 말한 것처럼 더 높은 심령계의 미묘한 물질로 마음이 창조한 정신적 이미지입니다. 이 형태는 고진동의 원자들로 구성되어 있으며, 그 주변에 진동을 방출합니다. 이 진동은 이러한 진동에 반응하도록 조율된 존재들에게 소리와 색채로 지각됩니다. 생각-에너지체가 외부로 나아가거나(혹은 '아래로 가라앉는다'는 표현이 이 전이를 더 잘 설명할 수 있습니다) 더 조밀한 하위 심령계의 물질로 진입하면, 이 진동은 마치 노래하는 색처럼 사방으로 퍼져 나가며, 동일한 색 진동에 반응하는 정령들을 그 에너지체가 출현한 중심지로 끌어당깁니다.

모든 정령은 우주의 다른 모든 것들과 마찬가지로 일곱 근원 광선[9], 즉 태고의 빛의 일곱 아들 중 하나에 속합니다. 백색광은 제3 로고스, 즉 드러난 신적 마음으로부터 발산되어 일곱 광선으로 나뉘며, 각각은 다시 일곱 개의 하위 광선을 가지고 있고, 이 세분화는 계속해서 이어집니다. 이처럼 우주를 구성하는 끝없는 분화 속에는 각기 다른 세부 등급에 속하는 정령들이 존재하며, 이들은 자신들이 속한 색에 기반한 색채-언어로 소통합니다.

　바로 이러한 이유로, 소리와 색채, 그리고 이 둘의 기저에 있는 숫자에 대한 참된 지식이 오랜 세월 동안 은밀히 전수되어 온 것입니다. 의지는 이들을 통해 정령들과 교류하며, 지식은 그 존재들을 통제할 수 있는 힘을 제공합니다.

　스승 K. H.[10]는 이 색채의 언어에 대해 아주 분명히 말씀하십니다. 그 분은 묻습니다. "소리와 색채, 즉 이 두 요소의 진동이 서로 조화를 이루는 방식을 통해 우리와 교류하는 반(反)지성적인 생각-에너지

9　일곱 근원 광선(seven primary Rays): 우주와 그 안의 모든 존재를 구성하는 근원적인 일곱 가지 에너지 또는 원리를 의미한다. 이 광선들은 창조의 여러 측면을 나타내며, 각각 고유한 특성과 색채를 가진다.

10　쿠투미(Kuthumi): 신지학의 '스승(Master)' 중 한 명으로, 정식 명칭은 Koot Hoomi 스승이다. 인류의 영적 진화를 돕는 고도로 깨달은 존재로, 헬레나 블라바츠키 등에게 '마하트마 서신(The Mahatma Letters)'을 통해 심오한 가르침을 전달한 것으로 알려져 있다.

체들에게, 당신은 어떻게 자신을 이해시키고 실제로 명령을 내릴 수 있겠습니까?

나아가, 소리·빛·색채는 모두 그 존재들을 형성하는 데 있어 강력한 요소입니다. 이 존재들(생각-에너지체)은 다양한 등급의 지성을 지니고 있습니다. 그러나 일반적인 사람들은 그 존재들의 실재조차 상상하지 못하며, 기독교 사회에서는 그러한 것들의 존재에 대한 믿음조차 허용되지 않습니다. 무신론자, 기독교인, 유물론자, 심령주의자 모두 이러한 믿음에 대해 각자의 방식으로 반론을 제기합니다. 특히 유물론적 과학은 이 모든 집단보다 훨씬 더 강력하게 이러한 믿음을 미신적이고 퇴행적인 것으로 간주하며 거부하고 있습니다."

과거의 일부 제자들은 이 '색채 언어'에 대한 희미한 단서를 어렴풋이 기억하고 있을지도 모릅니다. 예를 들어 고대 이집트에서는 신성한 문서를 색채로 기록했고, 필사 중의 실수는 사형으로 이어졌다는 전승이 존재합니다. 그러나 우리는 이런 흥미로운 주변 이야기들에 빠지기보다, 오직 하나의 사실에 집중해야 합니다. 정령들은 색채로 말하며, 그 색채-단어는 인간의 언어가 인간에게 그러하듯이 정령에게도 완전히 이해되는 언어입니다.

2) 창조된 실체의 특성

'노래하는 색'의 색조는 생각-에너지체를 만들어내는 동기의 본질에 따라 결정됩니다. 만약 그 동기가 순수하며, 사랑과 자애에서 비롯되었다면, 생성된 색은 정령을 불러들이고, 불려 온 정령은 그 동기가 에너지체에 각인한 성격을 그대로 흡수하여 그에 따라 행동합니다. 이 정령은 생각-에너지체 안에 들어가 그 에너지체의 '영적 생명'으로 작용하며, 이로써 심령계에 자애로운 성격을 띤 독립적 실체가 형성됩니다.

반대로, 동기가 불순하고 복수심에 차 있거나 악의적일 경우에도 동일한 원리가 적용됩니다. 그에 상응하는 색이 생겨나 정령을 소환하고, 정령은 부정적인 성격을 담아내어 같은 방식으로 활동합니다. 이 경우 역시 정령은 생각-에너지체의 내부에 들어가 그 에너지체에 생명과 성격을 부여하며, 결국 심령계에 파괴적이고 해로운 독립 실체가 형성됩니다.

예를 들어 분노의 생각은 강렬한 붉은 섬광을 만들어 내고, 이로 인해 생성된 생각-에너지체는 붉은 파동으로 진동합니다. 이 붉은 섬광은 마치 정령들을 끌어들이는 하나의 소환장처럼 작용하며, 그 진동에 반응한 정령들이 그 생각을 발한 자의 방향으로 끌려갑니다. 그들 중 하나가 생각-에너지체 내부로 들어가면, 그 에너지체는 파괴적이고 해체적인 성격을 가진 독립 실체가 됩니다.

　인간은 이러한 색채-언어를 통해 무의식적으로 끊임없이 말하고 있으며, 그 결과 수많은 정령들을 자신 주위로 끌어당깁니다. 이 정령들은 인간이 만들어 낸 각양각색의 생각-에너지체 속에 깃들어 그곳을 거처로 삼습니다. 이와 같이 인간은 자신의 환상, 욕망, 충동, 감정적 동기에서 비롯된 창조물로 가득한 하나의 세계를 스스로 만들어내며, 그 세계는 곧 공간 속에서 자신만의 '흐름'을 형성하게 됩니다.

　결국 우리는 우리 자신이 창조한 천사들과 악마들에 둘러싸여 살고 있으며, 이들 존재는 우리뿐 아니라 타인에게도 행복과 불행을 가져다주는 실체입니다. 이것이야말로 진정한 의미에서의 카르마적 무리입니다.

　투시력자들은 모든 사람을 감싸고 있는 아우라 안에서 끊임없이 변화하는 색의 섬광을 볼 수 있습니다. 모든 생각과 감정은 심령계에서, 심령적 시각에 의해 감지될 수 있는 형태로 표현됩니다. 좀 더 고도로 발달한 투시력자는 단지 색채 섬광만 보는 것이 아니라, 정령 무리들 사이에서 생각-에너지체가 일으키는 구체적인 영향력까지도 직접 관찰할 수 있습니다.

편집자 노트

생각-에너지체는 단지 인간 내면에서 떠오른 이미지가 아니라, 생명과 성격을 지닌 자율적 실체(물질)로 작용한다. 그 형성 과정에 대해서는 전통에 따라 다소 차이를 보인다.

고전 신지학의 관점에 따르면, 인간이 만들어 낸 정신적 이미지에는 '정령(elemental)'이라 불리는 자연의 반(半)지성적 존재가 끌려 들어와 결합함으로써 하나의 독립된 에너지체가 생성된다. 즉, 인간의 생각은 정령을 끌어들이는 매개로 작용하고, 외부 존재가 그 형상 안에 깃들어 생명력을 부여하는 일종의 '조립' 방식이 제시된다.

반면, 다스칼로스의 가르침에 따르면 이러한 중재는 불필요하다. 인간의 생각은 해당 차원의 에테르 물질과 직접 반응하여, 외부 존재의 개입 없이 즉각적으로 생각-에너지체를 창조한다. 이 관점에서 정령은 외부에서 주입되는 것이 아니라, 인간 자신의 의식과 생명력으로부터 직접 빚어낸 정령적 실체로 작용한다. 다시 말해, 생각-에너지체란 인간 의식이 에테르 세계에 새긴 창조의 흔적이며, 이를 통해 각자는 자신의 내면세계를 외부 현실로 확장해 나간다.

더 나아가 엄밀히 말하면, 여기서 '정령'이라 표현된 존재들은 다스칼로스의 관점에서 볼 때 에테르 원소에 더 가까운 개념이다. 예를 들어, 인간의 심령체는 심령계의 에테르 원소로 구성되며, 이 원소는 네 가지 본질적 특성—감각성, 운동성, 복제성, 창조성—을 지닌다. 감각성은 진동을 '느끼는' 능력, 운동성은 반응하고 움직이는 성질, 복제성은 유사한 형태를 반복 생성하는 능력, 창조성은 새로운 에너지체를 형성하는 능력을 의미한다.

다스칼로스에 따르면, 이러한 에테르 원소는 인간의 생각, 감정, 욕망과 반응하여 생명력과 성격을 지닌 생각-에너지체(thought-forms)로 나타난다. 이들은 외부로부터 주입된 존재가 아니라, 의식과 생명의 자기작용을 통해 창조된 에너지적 실체다.

이 두 관점은 서로 다른 설명 틀을 갖고 있지만, 인간 내면에서 발현된 생각이 외부 현실에 실질적인 형상과 영향을 부여한다는 점에서 공통적으로 의식의 창조적 작용을 강조한다.

4. 생각-에너지체의 역학

1) 생각-에너지체의 카르마적 원리

영적 생명이 부여된 생각-에너지체의 수명은 두 가지 요인에 달려 있습니다. 첫째는 그것을 생성한 인간이 부여한 초기 강도와 에너지이며, 둘째는 생성 이후 다른 사람들에 의해 반복적으로 생각됨으로써 공급되는 심령적 영양분입니다. 이러한 반복은 생각-에너지체의 생명력을 계속해서 강화할 수 있으며, 깊은 생각과 반복적인 명상의 대상이 되는 생각은 심령계에서 매우 안정된 형태를 갖게 됩니다. 또한 유사한 성질을 가진 생각-에너지체들은 서로를 끌어당겨 상호 강화하며, 이 심령계에서 강력한 활동성을 지닌 집단적 형태로 작용합니다.

이러한 생각-에너지체는 생성자와 자기적 연결(magnetic tie)로 연결되어 있으며, 이 연결을 통해 생성자에게 반응하고 다시금 동일한 생각을 떠올리도록 유도하는 인상을 심어 줍니다. 앞서 언급한 반복 강화가 일어날 경우, 분명한 생각 습관이 형성될 수 있으며, 이는 생각이 손쉽게 그 틀로 흘러 들어가는 통로가 됩니다. 이러한 습관은 고귀한 이상처럼 긍정적인 경우에는 도움이 되지만, 대부분의 경우에는 오히려 정신적 성장의 걸림돌이 됩니다.

우리는 이처럼 작은 단위로 나타나는 생각 습관의 형성이 카르마의 작용을 어떻게 드러내는지를 잠시 살펴볼 수 있습니다. 예를 들어, 과거의 활동이 전혀 없는 하나의 백지 상태의 마음을 가정해 봅시다. 물론 실제로는 불가능하지만, 이 가정은 중요한 원리를 드러냅니다. 그러한 마음은 완전한 자발성과 자유 속에서 생각-에너지체를 생성하며, 그것을 반복함으로써 분명한 생각의 습관을 형성하게 됩니다. 시간이 지나면 마음은 의식적 의지 작용 없이도 자동적으로 그 생각에 에너지를 흘려보내게 됩니다.

이제 그 마음이 이 생각의 습관이 발전을 방해한다고 판단하고, 그것을 벗어나려 한다고 가정해 봅시다. 생각의 습관은 원래 자발적으로 형성되었고, 정신 에너지의 흐름을 용이하게 만드는 통로를 제공했지만, 이제는 한계이자 족쇄가 된 것입니다. 그러나 이 족쇄를 제거하는 것은 오직 새로운 자발적인 의식 작용을 통해 가능하며, 그것은 기존의 생각의 습관을 점차적으로 소진시키고 마침내 파괴하는 방향으로 나아가야 합니다. 이와 같이 우리는 작지만 이상적인 하나의 카르마 주기를 관찰하게 됩니다. 자유로운 마음이 습관을 만들고, 그 안에서 일하면서도, 다시금 자유로운 의지로 그것을 극복할 수 있는 순환입니다.

물론 우리는 처음부터 그러한 자유를 가진 존재로 태어나지 않습니다. 우리는 이미 과거 자신이 만든 생각의 습관과 정서적 족쇄에 의해 제약된 상태로 태어나며, 그 속에서 작업해야 합니다. 그러나 이러한 각각의 족쇄는 위에서 살펴본 순환 과정을 통해 소멸될 수 있습니다. 즉, 마음은 족쇄를 만들고, 그것을 착용하며, 착용하는 동안 안쪽에서 그것을 닳게 만들어 없애는 것입니다.

2) 생각-에너지체의 상호작용과 외부 영향

생각-에너지체는 그것을 만들어 낸 사람에 의해 특정한 타인을 향해 지향될 수 있으며, 그 안에 깃든 정령의 성질에 따라 도움을 주거나 해를 끼칠 수 있습니다. 선한 소망, 기도, 사랑의 생각이 누군가에게 향할 때, 그것은 단순한 시적 비유가 아니라 실제로 그 사람 주위에 보호적 정령 무리를 형성하며, 각종 악한 영향이나 위험으로부터 그 사람을 지켜 주는 작용을 수행합니다.

인간은 생각-에너지체를 생성하고 외부로 방출할 뿐만 아니라, 자신이 발산한 생각-에너지체와 유사한 성질을 지닌 다른 생각-에너지체들을 심령계에서 끌어당기는 자석 역할을 하기도 합니다. 이 과정을 통해 인간은 외부 세계로부터 에너지를 보충하게 되며, 자신이 끌어당기는 힘의 성격이 선한지 악한지는 전적으로 그의 내면 상태에 달려 있습니다.

어떤 사람의 생각이 순수하고 고귀하다면, 그는 자애로운 정령 무리를 자신 주위로 끌어들이게 되며, 때로는 자신조차도 놀랄 만큼 탁월한 성취를 이루게 됩니다. 반대로 불결하고 저속한 생각을 지닌 사람은 해로운 존재들을 끌어당기게 되고, 그로 인해 때로는 스스로도 이해할 수 없는 범죄를 저지르기도 합니다. 그런 이는 "어떤 악마가 나를 유혹했음에 틀림없다"라고 외치지만, 그 말은 완전히 틀린 말이 아닙니다. 왜냐하면 바로 그 사람 자신의 내면의 악이 유사한 정령적 힘을 외부에서 끌어들여, 그 힘이 악행을 더욱 부추겼기 때문입니다.

선하든 악하든 간에, 생각-에너지체에 생명을 부여하는 정령들은 인간의 욕망체 안에 존재하는 정령들과 연결되어 있으며, 인간의 에너지장 안에서 함께 작용합니다. 그러나 어떤 정령이 작용하려면, 그와 성질이 공명하는 내면적 요소가 존재해야 합니다. 만약 그러한 연결 고리가 없다면, 정령은 아무런 영향을 미치지 못합니다. 더 나아가, 상반된 성질을 지닌 생각-에너지체는 그 정령을 물리칠 수 있습니다. 예컨대, 선한 사람은 자신의 아우라를 통해 불결하고 잔혹한 모든 에너지를 밀어내며, 그의 아우라는 일종의 방어벽처럼 작용하여 악이 접근하지 못하게 막아 줍니다.

3) 집단 생각 에너지체와 그 결과

생각-에너지체의 작용에는 또 다른 형태가 있습니다. 이 형태는 매우 광범위한 영향을 일으키기 때문에, 카르마를 구성하는 힘들에 대한 이 예비적 고찰에서 제외할 수 없습니다. 앞서 설명한 것과 마찬가지로, 이 활동도 하나의 흐름을 형성합니다. 이 흐름은 그 활동이 가진 역동성의 강도에 비례하여, 그것과 접촉하는 모든 민감하거나 신경계가 예민한 존재에게 반응을 일으킵니다. 이 흐름은 거의 모든 사람에게 영향을 미치며, 그 조직이 민감할수록 그 영향은 더 강해집니다.

생각-에너체들은 자신과 유사한 성질을 지닌 다른 생각-에너지체들에게 끌리는 성향이 있으며, 일종의 자기 분류적 집단화 경향을 보입니다. 인간이 어떤 생각-에너지체를 발산하면, 그것은 생성자와의 자기적 연결을 유지할 뿐 아니라, 유사한 성질을 지닌 다른 생각-에너지체들과도 상호 끌림을 형성합니다. 이 끌림은 심령계에서 비슷한 유형의 생각-에너지체들이 응집되어 형성된 집합적 실체로 이어지며, 그 성격은 선하거나 악할 수 있습니다.

이러한 유사한 생각-에너지체들의 집합체는 종종 가족, 지역사회, 국가의 집단 의견 같은 형태로 표현되며, 이는 강한 심령 분위기를 형성합니다. 이러한 분위기는 모든 대상에 색채를 입히는 심령적 필터로 작용하며, 관련된 그룹에 속한 사람들의 욕망체에 반응하여 공명 진동을 일으킵니다. 이와 같은 카르마적 환경은 개인의 활동을 크게 수정하며, 그 사람이 표현할 수 있는 능력의 범위를 심각하게 제약합니다.

예를 들어, 어떤 관념이 한 개인에게 주어졌을 때, 그 사람은 자신을 둘러싼 집단적 분위기를 통해서만 그 관념을 인식할 수 있습니다. 이 심령적 분위기는 관념에 색을 입히고, 경우에 따라 심각한 왜곡을 초래할 수 있습니다. 그러므로 이러한 분위기는 거대한 카르마적 한계로 작용하며, 이에 대해서는 보다 깊은 고려가 요구됩니다.

더 나아가, 이처럼 집단 생각-에너지체들의 영향력은 단지 그들이 인간의 욕망체를 통해 미치는 작용에 국한되지 않습니다. 만일 이 집단 생각-에너지체가 파괴적인 유형의 생각들로 구성되어 있다면, 그 안에 깃든 정령들은 파괴적 에너지로 작용하여, 물질계에서 심각한 혼란을 유발하는 경우가 많습니다.

이러한 생각-에너지체들은 일종의 해체 에너지의 소용돌이로 기능하며, 그 작용은 "재난", 자연재해, 폭풍, 태풍, 허리케인, 지진, 홍수 등 다양한 격변적 사건의 배후적 원인으로 작동합니다. 이처럼 집단 생각-에너지체가 불러오는 카르마적 결과 또한, 반드시 깊이 있고 체계적인 고찰이 이루어져야 할 중요한 주제입니다.

5. 카르마 형성의 원리

1) 생애 주기와 카르마

인간과 정령계 사이의 관계, 그리고 생각-에너지체를 실재로 존재하게(창조) 하는 생각의 힘을 이해하게 되면, 우리는 중요한 통찰에 도달하게 됩니다. 그것은 바로, 하나의 생애 주기 동안 카르마가 어떻게 생겨나고 작용하는지를 적어도 부분적으로 파악할 수 있게 된다는 점입니다. 여기서 제가 '삶'이라는 표현 대신 '생애 주기'라는 말을 사용하는 데는 이유가 있습니다. '삶'이라는 단어가 단일한 환생만을 뜻한다면 그 의미는 지나치게 협소해집니다. 반면, 그 말 속에 육체 안에서의 여러 단계뿐 아니라, 육체를 떠난 상태까지 모두 포함시킨다면 그 의미는 또 지나치게 광범위해집니다.

생애 주기란 영혼이 그 순환을 완성하기 위해 통과하는 네 가지 뚜렷한 단계인 육체적·심령적·데바찬적 경험과 다시 육체의 문턱으로 돌아오는 단계를 포함한 하나의 작은 인간적 순환을 말합니다. 이러한 단계들은 영원한 순례자인 자아가 현재의 인류 상태를 통해 거듭 밟아 가는 여정이며, 그 각각의 기간이 질적·양적으로 아무리 다르더라도, 일반적인 인간 존재는 이 네 단계를 반복적으로 포함합니다.

이 가운데 육체 밖에서의 거주 기간이 육체 안에서보다 훨씬 길다는 사실을 이해하는 것이 중요합니다. 만일 이러한 비물질 상태에서의 영혼의 활동이 연구되지 않는다면, 카르마 법칙의 진정한 작용은 결코 이해될 수 없습니다. 우리는 스승의 말씀, 즉 "육체 밖의 삶이야말로 진정한 삶이다"라는 지적을 상기해야 합니다.

베단타 학파는 두 종류의 존재, 즉 지상적 존재와 영적 존재를 인정하며, 이 중 후자만을 진정한 현실로 간주합니다. 지상에서의 삶은 그 변화 가능성과 유한성으로 인해 감각의 환영에 불과하지만, 영적 세계에서의 삶은 불변하고 불멸한 수트라트마[11]가 존재하는 영역이기에 오직 그것만이 실재입니다. 그래서 우리는 사후의 삶을 유일한 현실이라 부르며, 지상적 개성의 삶은 단지 일시적 상상에 불과하다고 말하는 것입니다.

2) 영혼의 창조물인 정신 이미지

지상에 있는 동안, 영혼의 활동은 생각-에너지체의 창조를 통해 가장 직접적으로 나타납니다. 하지만 카르마의 정밀한 작용을 추적하

---

11 수트라트마(Sutrâtma): 산스크리트어로 '실의 자아'라는 뜻이며, 문자 그대로는 환생하는 모든 생애를 꿰는 실처럼 이어 주는 의식의 선(線)을 의미한다. 신지학에서는 모나드(Monad)와 개체적 자아(Ego)를 연결하며, 각 생애에서 형성되는 개체적 자아들을 하나로 통합하는 지속적 의식의 흐름을 지칭한다. 이는 마치 구슬을 꿰는 실처럼 모든 생애를 관통하는 의식의 중심축 역할을 한다.

려면, 이제 '생각-에너지체'라는 개념을 더 깊이 분석해야 하며, 처음의 개괄적 정의에서 생략되었던 몇 가지 중요한 요소를 보완해야 합니다.

영혼은 정신(마인드)으로서 작용하면서 하나의 정신적 이미지, 즉 최초의 '생각-에너지체'를 창조합니다. 여기서 우리는 '정신적 이미지'라는 용어를 오직 이 마음이 직접적으로 만들어 내는 최초의 형상만을 가리키는 데 사용하도록 하겠습니다. 이후부터는 이 용어를 생각-에너지체라는 더 넓은 개념의 첫 번째 단계로서 한정하여 사용합니다.

이 정신적 이미지는 그것을 만든 창조자에게 부착된 채, 그 사람의 의식 내용의 일부로 남아 있습니다. 이 정신적 이미지는 미묘한 물질로 된 살아있는 진동하는 형상입니다. 또한 생각되었으나 아직 말로 표현되지 않은 '말씀'이며, 아직 물질화되지 않은 상태의 의식 에너지입니다.

이제 독자는 잠시 마음을 집중하여, 이 정신적 이미지만을 다른 모든 것들과 분리하여 분명히 인식해 보아야 합니다. 그것이 다른 차원에서 어떤 결과를 낳을 것인지와는 무관하게, 오직 그것 자체로서만 선명하게 떠올려 보아야 합니다.

앞서 언급했듯이, 이 정신적 이미지는 창조자의 의식 내용 일부를 이루며, 그의 절대적인 소유물에 해당합니다. 이 이미지는 창조자와 분리될 수 없으며, 그는 그것을 지상에서 살아가는 동안 내내 지니고 다니고, 죽음의 문턱을 넘을 때에도, 사후의 세계를 여행할 때에도 계속 그것을 함께 가지고 갑니다.

사람이 사후에 점차 상위의 영역으로 상승하여, 그 정신적 이미지가 견디기에는 너무 미세한 차원에 도달하게 될 경우, 그는 그 이미지에 포함된 조밀한 물질을 뒤에 남겨두고, 대신 그 핵심 구조인 '정신적 원형'(mental matrix), 즉 본질적 형상만을 계속 지니게 됩니다. 이후 더 조밀한 영역으로 다시 내려올 때, 그 차원의 물질이 이 정신적 원형에 다시 결합되며, 이에 따라 해당 차원에 적합한 조밀한 형태가 다시 재현됩니다.

이 정신적 이미지는 때로는 마치 잠들어 있는 듯 오랜 시간 동안 활동하지 않을 수도 있습니다. 하지만 언제든 다시 깨어나 활력을 되찾을 수 있으며, 창조자로부터 비롯된 새로운 자극이나, 그것으로부터 파생된 존재들(이후 설명됨), 혹은 그와 유사한 유형의 존재들로부터 유입되는 자극에 의해 생명력을 증대시키고 그 형상을 변화시킵니다.

이 정신적 이미지는 일정한 법칙에 따라 진화하며, 그 축적은 곧 인간의 '인격'을 형성합니다. 외적인 성질은 내면의 반영이며, 세포들이 신체의 조직을 구성하면서 변화하듯, 정신적 이미지들도 함께 모여 마음의 성향을 이루고 그 과정에서 다양한 변형을 겪게 됩니다. 카르마가 작용하는 과정을 탐구하면 이러한 변화들을 보다 명확히 이해할 수 있습니다.

영혼의 창조적 능력에 따라, 다양한 요소들이 이러한 정신적 이미지의 형성에 관여할 수 있습니다. 이 에너지는 카마(욕망)에 의해 자극을 받아 활동할 수도 있고, 정념이나 식욕에 따라 형상이 결정되기도 합니다. 혹은 숭고한 이상에 자발적으로 이끌려 형상을 만들어 낼 수도 있으며, 순수한 지적 개념에 기반하여 그것을 형성할 수도 있습니다.

그러나 그것이 고귀하든 천박하든, 지적이든 정념적이든, 이로운 것이든 해로운 것이든, 신적인 것이든 야수적인 것이든 그 모든 경우에 있어서 인간 내면에서 만들어진 이 정신적 이미지는 영혼의 창조 행위의 산물이며, 그것의 존재 위에 개별적 카르마가 성립합니다.

이러한 정신적 이미지 없이는, 삶의 주기와 주기를 연결하는 개별적 카르마는 존재할 수 없습니다. 마나스(정신)적 속성이 반드시 함께 존재해야만, 개별적 카르마가 머무를 수 있는 지속적 요소가 마련되기 때문입니다. 광물, 식물, 동물계에는 마나스(정신)가 결여되어 있으므로, 죽음을 넘어 환생에 이르는 개별적 카르마가 존재하지 않는 것은 자연스러운 결과입니다.

3) 생각의 삼중적 현현

이제 우리는 근원적인 생각-에너지체와 이차적인 생각-에너지체의 관계, 순수한 생각-에너지체와 영혼이 깃든 생각-에너지체의 관계, 정신적 이미지와 심령적-정신적 이미지, 또는 하위 심령계에서 나타나는 생각-에너지체 사이의 관계를 살펴보아야 합니다.

그렇다면 이 이차적인 생각-에너지체는 어떻게 만들어지며, 그것은 무엇일까요? 앞서 사용한 상징을 다시 빌리자면, 그것은 마음속에 머물던 생각이 밖으로 말로 표현될 때 생겨납니다. 즉, 영혼이 생각을 내쉬면, 그 생각은 소리가 되어 심령 물질 속에서 하나의 형태를 형성합니다. 이는 우주적 마음(Universal Mind) 속에 있는 관념들이 내쉬어져서 물질세계로 나타나는 것과 같은 원리입니다. 마찬가지로 인간의 마음속에 떠오른 정신적 이미지도 내쉬어질 때, 창조자의 내면을 반영하는 하나의 현실 세계로 나타나게 됩니다. 그는 공간 속에 자신만의 에너지 흐름을 따라, 자신의 세계를 창조해 채워 나가는 것입니다.

이 정신적 이미지에서 발산된 진동은 조밀한 심령 물질에서도 유사한 진동을 일으키며, 이로 인해 이차적인 생각-에너지체가 형성됩니다. 정신적 이미지는 앞서 언급했듯이 여전히 창조자의 의식 속에 남아 있지만, 그것의 진동은 그 의식 밖으로 퍼져나가 하위 심령계의 조밀한 물질 속에 동일한 형상을 재현하게 됩니다. 이렇게 재현된 형상은 정령적 에너지의 일부가 깃들 수 있는 외피를 제공합니다. 이 에너지체는 그 형태가 유지되는 동안, 그 안에 포함된 마나스(정신)의 요소 덕분에 일정한 개별성을 부여받습니다. 이것은 자연 속에 존재하는 놀라운 상응 관계들 가운데 하나이며, 이를 이해하는 것은 우리에게 깊은 통찰을 제공합니다.

이것이 바로 스승이 '능동적인 실체'라 지칭한 것입니다. 이 생각-에너지체는 심령계 전반을 자유롭게 떠돌며 활동합니다. 그것은 자신을 낳은 정신적 이미지와의 자기적 연결을 유지하고, 그 원형에 반응하며, 다른 존재들에게도 영향을 미칩니다.

이러한 생각-에너지체의 수명은 상황에 따라 길 수도, 짧을 수도 있습니다. 하지만 그것이 소멸된다고 해서 그 부모인 정신적 이미지가 사라지는 것은 아닙니다. 창조자의 의식 속에서 정신적 이미지에 새로운 자극이 더해질 때마다, 마치 어떤 단어가 반복되어 발화될 때마다 새로운 음파가 생성되는 것처럼, 그에 상응하는 심령적 대응물이 다시금 생성됩니다.

이때 정신적 이미지에서 비롯된 진동은 하위 심령계로만 전해지는 것이 아니라, 그 위에 존재하는 영적 차원으로도 전달됩니다. 그리고 이 진동은 하위 차원에서는 보다 조밀한 형태를 만들어 내듯, 상위 차원에서는 인간의 감각이나 인식으로는 형태라고 느낄 수 없을 정도로 미세하고 섬세한 '형태 아닌 형태'를 만들어 냅니다. 그것은 로고스(LOGOS) 자체로부터 발산된 세계 물질인 아카샤(Akasha) 속에서 생성됩니다.

아카샤는 모든 형태의 저장소이자 보물 창고로, 우주적 마음(Universal Mind)의 무한한 풍요 속에서 흘러나온 수많은 관념(이데아)이 미래의 우주 속에 형상화되기 위해 저장되는 장소입니다. 동시에, 아카샤는 이 우주 속에서 발생하는 모든 진동들 즉, 모든 존재의 생각, 모든 욕망적 존재들의 소망, 모든 차원에서 모든 형태들이 수행한 모든 행위를 받아들이는 곳이기도 합니다.

이 모든 진동은 각자의 고유한 인상을 남기며, 그것은 우리에게는 무형으로 보일지라도, 고차원 영적 존재들에게는 형상화된 이미지로 인식됩니다. 이와 같은 아카샤 속의 형상들을 우리는 이제부터 아카식 이미지(akashic images)라 부르기로 합니다. 이 아카식 이미지들은 영원히 존재하며 진정한 카르마 기록인 '리피카[12]의 책'으로 불

---

12 리피카(Lipika): 모든 존재의 생각, 말, 행동을 아카식 레코드에 남기는 천상의 기록관. 이들은 우주의 기억을 지키는 '서기(Scribes)'로서, 카르마의 법칙이 한 치의 오

립니다.

이 기록은 마치 환등기의 슬라이드로 스크린에 그림이 투사되는 것처럼 과거의 장면이 그 멀고 먼 사건의 모든 세부 사항까지 정확하게, 생생한 현실처럼 재현될 수 있습니다. 이는 숙련된 집중에 의해 가능하며 '당마[13]의 열린 지혜로운 눈'을 가진 사람이라면 누구든 읽을 수 있습니다. 한 번 기록된 아카샤의 장면은 영원히 존재하며, 숙련된 통찰자는 원한다면 이 기록의 어떤 페이지든 생생한 움직이는 그림으로 만들고, 심령계에서 극화하여 체험할 수 있습니다.

4) 아카샤 기록과 완전한 책임

독자가 이 불완전한 설명을 따라왔다면, 이제 원인으로서의 카르마에 대해 희미하나마 하나의 관념을 스스로 형성할 수 있을 것입니다. 아카샤에는 영혼이 창조한 정신적 이미지가 그 영혼과 분리될 수 없는 형태로 인상되며, 이어서 그로부터 파생된 생각-에너지체 역시 그에 연결된 형태로 정확하게 기록됩니다. 이로 인해 이 모든 작용들은 그 생각-에너지체와 연결된 경로를 통해 추적할 수 있으며, 결국 그

차 없이 공정하게 작용하도록 모든 원인과 결과를 정확하게 새긴다.
13 당마(Dangma): 신지학에서 깨달음을 얻은 아뎁트, 즉 정화된 영혼을 지칭하는 용어. 특히 '당마의 눈(the eye of Dangma)'이라는 표현으로 자주 언급되는데, 이는 영적인 진리를 직접 꿰뚫어 보는 내면의 눈, 즉 영안(靈眼)이 열린 상태를 의미한다.

근원인 정신적 이미지, 나아가 그것을 처음 만들어 낸 영혼에게까지 소급될 수 있습니다.

이렇게 생성된 각각의 작용의 실타래는, 마치 거미가 자기 몸에서 거미줄을 뽑아내듯, 생각-에너지체가 자신의 본질로부터 형성한 것이며, 각 실은 고유한 색조를 띠고 있어 식별이 가능합니다. 설령 하나의 결과 속에 수많은 실타래들이 얽혀 있다 해도, 각각은 개별적으로 구별할 수 있으며, 그 실타래는 결국 그 형상을 처음 내보낸 자, 즉 그 정신적 이미지를 만들어 낸 영혼에게까지 추적할 수 있습니다.

이렇게 우리는 지상의 둔탁하고 한정된 지성으로, 매우 불완전한 언어를 빌려서나마 위대한 카르마의 주재자들, 곧 카르마 법칙의 관리자들인 위대한 존재들이 어떻게 단 한눈에 개인의 책임 전체를 인식하는지를 어렴풋이 이해할 수 있습니다. 이는 곧 영혼이 자신이 창조한 정신적 이미지에 대해 전적인 책임을 지며, 그로부터 파생된 장기적 영향들에 대해서도 어느 정도 책임을 진다는 것을 의미합니다. 그 책임의 크기는, 각 영향에 어떤 다른 카르마적 실들이 얽혀 있는지에 따라 더 커지거나 작아질 수 있습니다.

이러한 방식으로 우리는 또한, **카르마의 전개에서 왜 동기가 지대한 역할을 하는지**, 그리고 행위 자체는 왜 비교적 부차적인 생성 원인에 불과한지를 이해할 수 있습니다. 또한 카르마는 그 구성 요소에 따라 각각의 차원에서 작용하면서도, 그 실타래의 연속성에 의해 차원들 사이를 연결한다는 사실도 이해하게 됩니다.

이처럼 비전의 가르침이 세상에 빛을 비추어 어둠을 걷어 내고, 삶의 모순·불평등·우연처럼 보이는 모든 일 뒤에서 절대적 정의가 작동하고 있음을 보여 줄 때, 우리의 마음이 형언할 수 없는 감사로 그 가르침을 향하는 것은 조금도 이상하지 않습니다.

깊은 어둠 한가운데서 진리의 횃불을 높이 들어 세상을 밝힌 그 위대한 존재들, 참으로 복된 이들은, 우리를 광기로 몰아가던 내적 긴장에서 풀어 주었고, 겉보기에 불의만이 가득한 세상을 지켜보며 느끼던 무력한 고통에서 건져 주었으며, 정의가 불가능하리라는 절망과 사랑이 무력하다는 깊은 슬픔에서 우리를 해방시켰습니다.

"그대들은 속박되어 있지 않다! 만물의 영혼은 감미롭고, 존재의 심장에는 천상의 안식이 있다. 고통보다 강한 것은 의지다. 선한 것은 더 나아져 마침내 가장 선에 이른다. 이것이 의로움의 법이며, 아무도 이를 막거나 깨뜨릴 수 없다. 그 중심은 사랑이고, 그 끝은 평화와 달콤한 완성이다. 따르라."

마지막으로, 원리적 관점에서 카르마의 영혼이 작용하여 보내는 원인적 활동과 그 결과들을 도표로 정리하면 보다 명확하게 이해할 수 있습니다.

인간이 창조 활동을 수행하는 차원별 구조

차원	물질	결과
영적 차원	아카샤	카르마 기록을 형성하는 아카샤 영상
심령 차원	상위 심령계	창조자의 의식 속에 남아 있는 정신 영상
	하위 심령계	심령계에서 능동적으로 활동하는 심령적 정신 영상

그러므로 하나의 생애 주기 동안, 우리는 다음과 같은 세 가지 주요 결과를 산출합니다. 이 결과들은 주로 미래의 생애 주기에서 다음과 같은 형태로 작용하게 됩니다.

* 성향(Tendencies): 특정 방향으로 반복적으로 흐르려는 심리적 경향
* 능력(Capacities): 습득된 지적·도덕적·영적 기능
* 환경(Environments): 주어진 기회, 조건, 외적 관계의 틀

6. 생각이 카르마(운명)가 되는 과정

1) 카르마의 주체로서의 자아

인간 안의 영혼, 즉 카르마를 만드는 자아는 영겁에 걸친 진화의 길을 걸으면서 지혜와 정신적 성장을 이루는 존재로 인식되어야 합니다. 이때 상위 마나스와 하위 마나스의 근본적인 동일성을 항상 염두에 두어야 합니다.[14] 편의상 우리는 둘을 구별하지만, 이 차이는 본질의 차이가 아니라 기능상의 활동 차이에 불과합니다.

상위 마나스는 영적 차원에서 작용하며, 자기 과거에 대한 완전한 의식을 소유합니다. 반면, 하위 마나스는 심령계에서 작용하고 있으며, 심령 물질에 가려 있고, 욕망(카마)에 의해 끌려다니며, 모든 활동이 욕망적 본성과 뒤섞여 있고 그것에 물들어 있습니다. 하위 마나스

---

14 상위 마나스(higher manas)와 하위 마나스(lower manas)는 인간 의식 중 마나스(Manas, 정신)의 두 측면을 의미한다. 이 둘의 조화와 분리는 인간의 의식 진화와 카르마 작용의 핵심을 이룬다.
* **상위 마나스**는 고유한 자아(Ego)와 연결되며, 진리, 직관, 윤리, 이상적 사고를 담지하는 고차원적 의식 작용이다. 이는 붓디(Buddhi)와 결합하여 **상위 자아**를 구성한다.
* **하위 마나스**는 감각, 욕망, 개인적 이익과 결합한 논리적·분석적 사고의 작용이며, **개체적 자아**(personality)와 관련된다. 카마(욕망)와 결합하면 카마-마나스라 불리며, 일상적 사고와 감정의 중심이 된다.

는 자기를 가리는 심령 물질로 인해 심히 눈이 멀어 있으며, 전체 정신(마나스)적 의식 중 일부분만을 지닙니다. 그리고 이 의식은 대부분의 경우, 한 번의 환생 중 겪는 가장 두드러진 경험들 중에서도 극히 제한된 선택에 불과합니다.

대부분의 사람들에게 하위 마나스는 '나'로 여겨지며 우리가 개체적 자아[15]라고 부르는 것입니다. 하위 마나스에게 양심의 소리는 막연하고 혼란스럽게 초자연적인 것, 즉 신의 목소리로 여겨지지만, 사실 그것은 심령 차원에서 드러나는 상위 마나스의 유일한 발현입니다. 비록 개체적 자아가 그 본질을 오해할지라도, 그것을 권위 있는 것으로 여기는 것은 매우 타당합니다.

그러나 학생은 하위 마나스가 상위 마나스와 하나이며, 그 관계는 광선이 태양과 하나인 것과 같다는 점을 분명히 이해해야 합니다. 태양-마나스는 영적 차원의 하늘에서 항상 빛나고 있으며, 광선-마나스는 심령계를 관통합니다. 따라서 이 둘을 단지 기능적 구별을 위해서가 아니라 별개의 것으로 여기면 절망적인 혼란이 초래될 것입니다.

---

15 개체적 자아(Personal Ego): 한 생애 동안만 유지되는 일시적인 자아, 즉 인격(Personality)을 지칭한다. 이것은 육체, 감정, 욕망, 그리고 하위 지성으로 구성된 복합체로, 영원한 '고유한 자아'가 물질계에서 경험을 쌓기 위한 도구이며 죽음 이후에는 해체된다.

그러므로 자아(Ego)는 성장하고 확장되는 존재입니다. 아래로 내려보내진 광선은 마치 손이 물속으로 들어가 어떤 물체를 움켜쥔 채 다시 빠져나오는 것과 같습니다. 자아의 성장은 뻗은 손으로 움켜쥔 대상의 가치, 즉 지상에서 얻은 경험의 가치에 달려 있습니다. 자아의 광선이 회수될 때, 그 모든 활동의 중요성은 제한적입니다. 이는 광선이 심령계에서 기능하는 동안 수집했던 경험에 의해 그 중요성이 결정되고 한정되기 때문입니다.

이것은 마치 한 노동자가 들판으로 나가, 비가 오나 햇볕이 내리쬐나, 추위 속에서도 더위 속에서도 하루 종일 일한 뒤 저녁이 되어 집으로 돌아오는 것과 같습니다. 그런데 이 노동자는 단순한 품꾼이 아닙니다. 그는 동시에 그 땅의 주인이기도 합니다. 그래서 그가 흘린 모든 땀과 수고는 오롯이 자신의 곡물 창고를 채우고, 자신의 재산을 불리는 데 쓰입니다. 각 개체적 자아는 지속적이며 고유한 자아[16]의 지상에서 직접 작용하는 한 부분입니다. 이 개체적 자아는 하위 세계에서 그 상위 자아를 대표하며, 상위 자아 전체가 지금까지 얼마나 발전해 왔는가에 따라, 그 표현 역시 더 성숙해 있을 수도 있고, 아직 미성숙할 수도 있습니다.

---

16 고유한 자아(Individual Ego): 윤회를 거듭하는 불멸의 영적 자아, 즉 진정한 개인(Individuality)을 의미한다. 이는 상위 삼원리(아트마-붓디-상위 마나스)로 구성된 참자아이며, 매 생애의 경험에서 정수를 추출하여 영적으로 진화하는 영원한 주체이다.

이 점이 명확히 이해된다면, 신지학에 처음 입문한 학생들이 종종 느끼는, 개체적 자아가 카르마적 유산을 계승함에 있어 겪는 불공평함이라는 감정은 사라질 것입니다. 왜냐하면 카르마를 만든 바로 그 자아가 그것을 거두며, 씨를 뿌린 자가 수확을 거두기 때문입니다. 비록 그가 씨를 뿌릴 당시 입고 있었던 옷이 그사이 낡아 버렸을지라도 말입니다.

자아(Ego)의 심령 의복 또한 씨 뿌리는 시기와 수확하는 시기 사이에 산산조각 났지만, 그는 새로운 옷을 입고 수확합니다. 그러나 씨를 뿌리고 수확하는 이는 동일한 존재이며, 만일 그가 씨앗을 적게 뿌렸거나 잘못된 씨앗을 뿌렸다면, 추수하는 자로서 그는 초라한 수확을 마주하게 될 것입니다.

자아(Ego)의 성장 초기 단계에서는 그 발전 속도가 매우 느릴 수밖에 없습니다. 왜냐하면 이 시기의 자아는 욕망에 이끌려 물질계의 온갖 유혹을 좇으며 이리저리 휘둘리기 때문입니다. 이 시기에 그가 만들어 내는 정신적 이미지들은 대부분 정념적인 성질을 띠며, 그로 인해 생성되는 생각-에너지체들도 강력하고 지속적이기보다는 격렬하고 수명이 짧은 경우가 많습니다.

정신적 이미지 속에 마나스(Manas, 정신)적 요소가 얼마나 포함되어 있는가에 따라, 그에 따라 파생된 생각-에너지체의 지속성과 강도도 달라집니다. 꾸준하고 지속적인 사고는 형태가 명확히 정의된 정신적 이미지를 형성하게 되며, 이는 곧 강력하고 오래 지속되는 생각-에너지체를 만들어 냅니다.

이런 경우, 삶에는 뚜렷한 목적이 생기고, 마음은 늘 되돌아가 머무는 어떤 이상(理想)을 자각하게 됩니다. 그렇게 형성된 정신적 이미지는 점차 정신적 삶 전체에 지배적인 영향력을 행사하게 되며, 영혼의 에너지 또한 그 이미지에 의해 크게 이끌리게 됩니다.

2) 정신적 이미지의 생성과 사후 정화 과정

인간은 살아가는 동안 수없이 많은 정신적 이미지들을 만들어 냅니다. 어떤 것들은 강하고 선명하며, 반복적인 심적 자극에 의해 끊임없이 강화됩니다. 반면에 어떤 것들은 약하고 모호하며, 형성되자마자 마치 마음속에서 잊혀진 듯 사라집니다.

죽음에 이르렀을 때, 영혼은 이렇게 형성된 수많은 정신적 이미지들을 지닌 채 존재하게 됩니다. 이 이미지들은 성질, 강도, 명확성 면에서 모두 서로 다릅니다. 어떤 정신적 이미지들은 영적 갈망, 봉사를 향한 열망, 지혜를 향한 손짓, 더 높은 삶에 자신을 바치려는 서약 같은 것들입니다. 어떤 것들은 순전히 지적이며, 사유의 정수처럼 맑고 깊은 연구의 결과를 담고 있습니다. 또 어떤 것들은 감정에서 비롯된 것으로, 사랑, 연민, 다정함, 헌신, 분노, 야망, 자만심, 탐욕 같은 감정을 담고 있습니다. 그리고 일부는 욕망에 의해 자극된 육체적 본능에서 비롯된 것으로, 탐식, 음주, 감각적 쾌락의 생각을 반영합니다.

이처럼 각 영혼은 자신만의 의식을 지니고 있으며, 그 안은 이러한 정신적 이미지들로 가득 차 있습니다. 그것들은 그 영혼이 살아온 정신적 삶의 산물이며, 한순간 스쳐 지나간 생각이라 할지라도 예외 없이 모두 그 안에 남아 있습니다.

이와 달리, 생각-에너지체는 대부분의 경우 오래 지속되지 못하고 이미 사라졌을 수 있습니다. 그것들은 몇 시간 남짓 지속되었을 정도의 힘밖에 없었을지도 모릅니다. 하지만 정신적 이미지는 모두 영혼의 소유물로 남아 있으며, 하나도 빠짐없이 보존됩니다. 영혼은 죽음을 통과해 심령계로 들어갈 때, 이 모든 정신적 이미지들을 함께 지니고 가는 것입니다.

욕망의 장소, 즉 카마로카는 여러 수준으로 구성되어 있으며, 죽음 직후의 영혼은 완전한 욕망체인 카마 루파에 얽매여 있습니다. 그리고 카마-마나스(욕망적 정신)에 의해 형성된 조악하고 동물적인 성향의 모든 정신적 이미지들은 심령계의 가장 낮은 수준에서 강한 영향을 미칩니다.

진보가 늦은 영혼은 이러한 저급한 정신적 이미지들에 사로잡혀 그것을 마음속으로 행동에 옮기기를 반복합니다. 이로써 다음 생에 그것을 다시 육체적으로 재현하도록 스스로 준비하는 것입니다. 예컨대, 육체적 쾌락의 욕망에 빠져 그러한 정신적 이미지를 만든 사람은 지상에서 육체적 쾌락의 만족에 관련된 장면에 이끌릴 뿐만 아니라, 마음속에서 그 행동을 끊임없이 되풀이하게 됩니다. 그렇게 함으로써 미래에 유사한 행동을 저지르도록 만드는(미래 창조) 더욱더 강한 충동을 자신의 본성 안에 구축하는 것입니다. 욕망(카마)의 본성에서 비롯된 재료로 형성된 다른 정신적 이미지들도 마찬가지이며, 이들은 카마로카의 각기 다른 차원들에 속해 있습니다.

그래서 사후 세계에 갓 도착한 영혼은 자신이 만들어 낸 정신적인 이미지들로 인해 고통을 당합니다. 특히 지상에서 만들어 낸 미신적 생각과 믿음들이 정신적 이미지의 형태로 나타나, 실제 그곳의 환경에는 존재하지도 않는 공포스러운 환영으로 영혼을 괴롭히는 것입니다.

영혼이 이 하위 차원에서 더 상위 차원으로 상승함에 따라, 하위 차원의 재료들로 구축된 정신적 이미지들은 그 재료적 요소들을 잃게 됩니다. 그리하여 의식 속에서 잠재 상태가 되는데, H. P. 블라바츠키는 이를 "물질의 결핍" 상태라고 불렀습니다. 이는 존재할 수는 있지만 물질적으로는 발현되지 않는 상태입니다. 하위 자아가 데바찬 영역을 향해 위쪽으로 이끌려감에 따라, 카마-루파의 겉옷(욕망체)은 그 조악한 요소들로부터 정화됩니다. 그렇게 벗어버린 각각의 '형상

(shell)'은 정해진 과정을 거쳐 해체됩니다. 마침내 마지막 겉옷까지 벗겨져 '광선'이 모든 욕망적 감싸임에서 해방되면, 그 광선은 완전히 회수됩니다.

3) 카르마의 재발현과 다음 생의 설계

자아(영혼)가 지상의 삶으로 복귀할 때, 잠재되어 있던 이 이미지들은 바깥으로 투사됩니다. 이 이미지들은 즉시 자신들에게 적합한 카마(욕망)적 재료들을 끌어당기며, 이로써 심령계에서 형태를 갖출 수 있는 상태가 됩니다. 그리고 이것들이 바로 그 자아의 새로운 환생에서 욕망체를 구성할 식욕, 욕망적 충동, 그리고 저급한 감정들이 되는 것입니다.

이처럼 욕망적 충동과 식욕에서 비롯된 모든 정신적 이미지들은 위에서 설명한 과정을 거쳐 자아가 지상의 생으로 돌아올 때 다시 발현됩니다. 신지학 입문서 5권인 『사후세계 탐사 보고서』에서 저자는 다음과 같이 설명합니다.

위대한 카르마의 신들인 리피카는 인간이 죽은 뒤, 카마로카에서 개체적 자아의 구성 원리들이 최종적으로 분리될 때 <u>그 사람의 삶에서 행한 모든 행동을 평가</u>합니다. <u>그 결과를 바탕으로, 다음 생에서 겪</u>

게 될 카르마에 정확히 들어맞는 새로운 에테르체를 설계해 줍니다.[17]

4) 데바찬에서의 변형

이러한 하위 요소들로부터 일시적으로 자유로워진 영혼은 데바찬(정신계)으로 나아가며, 그곳에서 영혼은 자신이 그 영역으로 가져갈 수 있을 만큼 순수한 정신적 이미지들을 얼마나 형성했는가에 비례하여 (정신계의) 체류 기간이 결정됩니다. 이곳에서 영혼은 아무리 짧고 찰나적이었더라도 자신이 지녔던 모든 고귀한 노력들을 다시 발견하고, 그 재료들로 다가올 삶을 위한 능력을 구축하게 됩니다.

데바찬에서의 삶은 '동화'의 과정입니다. 지상에서 모은 모든 경험은 영혼의 구성요소로 통합되어야 하며, 이 경험들을 통해 자아는 성장합니다. 자아의 발전은 지상의 삶에서 형성되어 비교적 영속적인 유형으로 정제된 정신적 이미지들의 수와 다양성에 달려 있습니다. 자아는 특정 부류의 정신적 이미지들을 모아 그 본질을 추출하고, 명상을 통해 구축된 정신 기관 속에 이 본질을 능력으로 주입합니다.

---

17 에테르체의 설계는 카르마의 대천사들이 카르마에 따라 만드는 인생의 청사진을 의미한다. 여기에는 육체의 형태를 넘어 한 생애의 카르마 총합, 즉 타고난 재능과 피할 수 없는 한계, 선천적 약점과 미래에 발현될 질병의 씨앗까지 모두 각인된다. 이렇게 설계된 조건들은 일생에 걸쳐 정해진 시점에 현실로 드러나 개인의 운명과 환경을 형성하는 기반이 된다.

예를 들어, 어떤 사람이 지식에 대한 갈망과 고차원적이며 섬세한 이치를 이해하려는 노력 속에서 수많은 정신적 이미지를 만들어 냈다고 가정해 봅시다. 그가 육체를 벗었을 때, 그의 지적 능력은 평균적인 수준에 불과할 수 있습니다. 그러나 데바찬에서는 그동안 형성해 놓은 이 정신적 이미지들이 발전하게 됩니다. 그는 이 이미지들을 토대로 새로운 능력을 길러 내며, 그것들은 실제 지성의 자질로 변형되어 작용합니다. 그 결과, 그의 영혼은 이전보다 훨씬 더 정교한 지적 구조를 갖춘 채 다시 지상에 태어나게 됩니다. 지적 능력 또한 크게 향상되어, 과거(전생)에는 전혀 감당할 수 없었던 과업들도 이제는 수행해낼 수 있게 되는 것입니다.

이처럼 정신적 이미지가 능력으로 변화하는 과정이 바로 '변형'입니다. 이 과정에서 이미지로서의 형태는 사라지게 되며, 만약 영혼이 훗날 그것들을 원래의 모습으로 다시 떠올리고자 한다면, 그는 카르마의 아카샤 기록 속에서 그것들을 찾아야 할 것입니다.

이러한 변형을 거친 정신적 이미지들은 이제 더 이상 영혼이 창조하고 작업한 대상이 아닌, 영혼의 능력 자체, 곧 영혼 본질의 일부가 됩니다. 그러므로 만약 누군가가 자신이 현재 누리고 있는 것보다 더 높은 정신적 능력을 갖고자 한다면, 그것을 얻으려는 확고한 의지를 품고, 그 목표를 지속적으로 염두에 둠으로써 그 능력의 형성을 스스로 보장할 수 있습니다. **왜냐하면 한 생에서의 욕망과 열망은 다음**

생에서 능력으로, 행하려는 의지는 성취할 수 있는 역량으로 전환되기 때문**입니다.

그러나 이렇게 형성된 능력은 반드시 그것을 구축하는 데 사용된 재료의 질과 양에 의해 제한됩니다. 무(無)에서 창조되는 것은 없습니다. 지상에서의 영혼이 욕망과 열망의 씨앗을 뿌리지 않는다면, 데바찬에서의 영혼은 빈약한 수확만을 거두게 될 것입니다.

반복적이지만 열망의 성격을 띠지 않거나, 영혼의 능력 범위를 넘는 과도한 갈망에서 비롯된 정신적 이미지들은 단지 생각의 경향성을 형성하게 됩니다. 이는 정신 에너지가 쉽게 흐르는 방향, 곧 마음속에 습관적 '홈'을 만들어 주는 역할을 합니다. 따라서 마음을 하찮은 대상들 사이에서 방황하게 내버려두거나, 사소한 정신적 이미지들을 무의식적으로 형성해 그것들이 마음에 오래 머물게 해서는 안 됩니다. 이런 것들은 미래의 정신 에너지 발산 경로를 형성하며, 결국 익숙하고 저항이 적은 방향으로 흘러 들어가 더 낮은 수준에서 자아를 반복적으로 묶어 두게 됩니다.

특정한 행위를 하려는 의지나 욕망이 능력의 부족이 아니라 외부 상황이나 기회의 부재로 인해 실현되지 못했을 경우, 그 의지나 욕망은 하나의 정신적 이미지를 남깁니다. 만약 그것이 고귀하고 순수한 성격의 것이라면, 해당 정신적 이미지는 데바찬에서 생각의 형식으로 실현되며, 차기 생에서는 행동으로 구체화될 것입니다.

예를 들어, 자애로운 행동에 대한 강한 욕망에서 비롯된 정신적 이미지는 데바찬에서 의식적으로 수행되며, 이 수행은 '행동의 정신적 이미지'로 자아 안에 깊이 각인됩니다. 이후 호의적인 기회와 접촉할 때, 이 이미지가 행동으로 결정화되어 물질계에 투사됩니다. 즉, 데바찬에서 생각 속에서 행동으로 실현된 정신적 이미지는 필연적으로 다음 생에서의 육체적 행동으로 이어지게 됩니다.

이 동일한 법칙은 저급한 욕망에서 비롯된 정신적 이미지에도 적용됩니다. 비록 그러한 이미지들은 데바찬으로 이행하지는 않지만, 지상으로의 귀환 과정에서 앞서 설명한 동일한 원리에 따라 재형성됩니다. 예를 들어, 반복적인 탐욕에서 생성된 정신적 이미지는 적절한 상황이 주어질 경우 절도 행위로 결실을 맺을 것입니다. 정신적 이미지의 반복이 행동의 임계점에 도달하면, 그 순간 원인적 카르마는 완성되고, 행동은 피할 수 없는 결과가 됩니다.

행동의 반복이 그것을 자동적으로 만든다는 점을 잊지 말아야 하며, 이 법칙은 물질계 외의 다른 차원들에서도 똑같이 작용합니다. 따라서 만약 어떤 행동이 심령계에서 지속적으로 반복된다면, 그것은 자동적으로 고정된 형태가 되어, 기회가 제공될 때 물질계에서 반사적으로 재현될 것입니다.

범죄 이후 흔히 듣는 말 중에 "생각할 틈도 없이 저질렀습니다" 혹은 "조금이라도 생각했다면 하지 않았을 것입니다"와 같은 표현이 있습니다. 말한 이는 자신이 명확한 생각을 거쳐 행동한 것이 아니라는 점에서 사실을 말하고 있습니다. 그러나 그 사람은 그러한 행동이 단지 한 번의 생각으로 인한 결과가 아니라, 필연적으로 연결된 생각의 연쇄인 반복된 정신적 이미지들의 산물이라는 사실을 인식하지 못하는 것입니다.

이는 포화 용액 속에 단 하나의 결정이 떨어져 전체가 즉시 응고되는 현상에 비유할 수 있습니다. 정신적 이미지들의 집합이 한계점에 도달했을 때, 마지막 하나가 더해지면 그것은 행동으로 '응고'됩니다. 이때 행동은 피할 수 없는 결과가 됩니다. 왜냐하면 이 이미지들이 반복되는 동안 이미 자유의지의 여지가 소진되었고, 육체는 그 정신적 충동에 저항할 수 없기 때문입니다. 한 생에서 어떤 행동을 하려는 욕망은 다음 생에서 그 행동을 반드시 하게 만드는 강제력으로 작용하게 되며, 이는 마치 욕망이 자연에 요구를 전달하고, 자연이 그 수행의 기회를 제공함으로써 응답하는 방식과 유사합니다.

기억 속에 저장된 정신적 이미지들, 즉 지상의 삶 중 영혼이 경험한 외부 자극에 대한 정확한 기록들 역시 영혼에 의해 정리되고 통합되어야 합니다. 이러한 이미지들을 깊이 숙고하고 명상함으로써, 영혼은 그들 사이의 내적 연관성을 인식하게 되며, 자연 안에서 보편적 지성의 작용을 이해하는 통로로서 그것들을 활용하게 됩니다.

간단히 말해, 영혼은 끈질긴 사색을 통해, 그 경험들이 가르쳐 주어야 할 모든 교훈을 배웁니다. 예를 들어 쾌락과 고통이 서로를 낳는다는 것, 그리고 스스로 순응해야만 하는 불가침의 법칙이 존재한다는 교훈을 얻습니다. 또한 영혼은 성공과 실패, 성취와 실망, 근거 없는 것으로 드러난 두려움, 실현되지 못한 희망, 시련 속에서 무너지는 힘, 무지로 밝혀진 헛된 지식, 끈기 있는 인내로 명백한 패배에서 승리를 이끌어 내는 경험과 무모함으로 명백한 승리가 패배로 바뀌는 경험 등 이 모든 것들을 깊이 숙고합니다.

영혼은 자신의 내면에서 이 모든 체험의 혼합물을 '지혜'라는 황금으로 변환하는 고유의 연금술을 수행합니다. 그리하여 이전보다 더 지혜로운 자아로서 지상에 돌아와 새로운 삶에서 마주할 사건들에 과거의 통찰을 적용할 수 있게 되는 것입니다. 이 과정에서도 정신적 이미지들은 더 이상 '이미지'로 존재하지 않으며, 원래의 형태로 복원되려면 오직 카르마의 기록 속 아카샤적 인상에서만 찾을 수 있습니다.

5) 양심의 형성

양심은 경험의 정신적 이미지, 특히 법칙에 대한 무지로 인해 고통이 발생한 기억 이미지들로부터 생겨나고 발전합니다. 영혼은 연속적인 지상의 삶 동안 욕망에 이끌려 매혹적인 대상을 향해 반복적으로 무모하게 돌진합니다. 그러한 추구의 과정에서, 영혼은 법칙에 부덮혀 상처 입고 피 흘리며 쓰러지는 고통을 겪습니다. 이처럼 축적된 수많은 경험은, 법칙에 어긋난 만족 추구는 결국 고통의 근원일 뿐임을 가르쳐 줍니다.

어떤 새로운 생애의 시점에서, 욕망체가 다시금 영혼을 향락적 쾌락으로 끌어당기려 할 때, 과거 경험의 기억이 양심으로 작용하여 그 유혹에 대항하게 됩니다. 이 양심은 금지의 목소리를 높이 외치며, 무분별하게 질주하려는 욕망의 말들을 제어합니다.

진화의 현재 단계에 이르러, 가장 뒤처진 소수의 영혼들을 제외한 모든 영혼은 이미 "옳고 그름", 즉 신성한 본성과의 조화 혹은 불화에 대한 대략적인 윤곽을 인식할 수 있을 만큼 충분한 경험을 축적해 왔습니다. 이러한 윤리적 핵심 문제들에 관하여, 광범위하고 장기적인 체험은 영혼이 더욱 명확하고 단호한 목소리를 낼 수 있게 해 줍니다.

그러나 아직 진화의 이 단계에 도달하지 못하고, 우리가 이미 지나온 수준보다 더 높은 단계에 속하는 섬세하고 미묘한 문제들에 관해서는, 경험이 아직 너무나 제한적이고 불완전합니다. 이로 인해, 이러한 문제들은 아직 양심으로까지 승화되지 않았으며, 설령 영혼이 순수한 의도를 갖고 명확하게 옳은 것을 보려 한다 해도, 실제 판단에 있어 오류를 범할 수 있습니다.

이러한 경우, 순종하려는 영혼의 의지는 그를 더 높은 차원에서 신성한 본성과 일치시켜 줍니다. 동시에 낮은 차원에서 어떻게 순종해야 할지 알지 못했던 실패는, 영혼이 법칙에 서툴게 부딪치며 느끼는 고통을 통해 앞으로 바로잡히게 될 것입니다. 고통은 이전에 알지 못했던 사실을 가르치며, 그 슬픈 경험들은 양심으로 전환되어, 미래의 유사한 고통으로부터 영혼을 보호하는 역할을 하게 됩니다. 그리고 이러한 경로를 통해 영혼은 자연 속에서 보다 완전한 신의 인식을 획득하고, 생명의 법칙과 자각적으로 조화를 이루며, 진화의 여정에 있어 자각적인 협력자가 되는 기쁨을 누리게 됩니다.

지금까지 우리는 카르마 법칙의 명확한 작용 원리를 정신적 이미지라는 원인과 관련하여 다음과 같이 요약할 수 있습니다:

* 열망과 욕망은 능력이 됩니다.
* 반복되는 생각은 경향이 됩니다.
* 행하려는 의지는 행동이 됩니다.
* 경험은 지혜가 됩니다.
* 고통스러운 경험은 양심이 됩니다.

생각-에너지체와 관련된 이러한 카르마 법칙의 작용은 이후 다룰 "카르마의 작용" 장에서 보다 자세히 살펴보게 될 것입니다. 이제 그 주제로 넘어가겠습니다.

7. 생성된 카르마의 작용

1) 환생의 준비와 자아

영혼은 데바찬에서의 삶을 마치고, 지상에서의 경험 동안 모은 모든 물질을 동화한 뒤, 다시 물질계로 끌려가기 시작합니다. 이는 물질적 존재에 자신을 묶는 욕망의 끈이 다시금 작용하기 때문입니다. 이제 영혼의 생애 주기 마지막 단계가 그 앞에 놓입니다. 이 단계는 새로운 지상 경험을 위해 영혼이 다시금 옷을 입고, 탄생의 문을 통과하며 지상으로 돌아가는 과정입니다.

영혼은 데바찬의 문턱을 지나, '환생의 차원'이라 불리는 곳으로 들어서며, 데바찬에서 성취한 다양한 결과들을 그와 함께 가져옵니다. 만약 이 영혼이 아직 유아기에 머무는 어린 영혼이라면, 그가 가져오는 성취는 극히 미미할 것입니다. 진화의 초기 단계에서 영혼의 진보는 너무나 느려서 대부분의 학생들이 그 존재조차 인식하지 못할 정도입니다. 유아기에 해당하는 시기의 삶은 단조롭고 지루하게 이어지며, 각 지상의 삶은 거의 씨앗을 뿌리지 못하고, 각 데바찬은 거의 열매를 맺지 못합니다.

그러나 능력이 점차 발달함에 따라 성장 속도는 기하급수적으로 빨라집니다. 많은 정신적 물질을 지닌 채 데바찬에 진입한 영혼은, 앞서 설명된 원리들에 따라 능력을 크게 강화하여 그곳을 떠나게 됩니다. 영혼은 만반타라 전체에 걸쳐 지속적으로 성장하는 영적 몸체를 지닌 채로 데바찬계를 떠납니다. 이때 그 영혼은 진화 수준에 따라 더욱 영광스럽고, 다채롭고, 밝고도 명료한 오라로 둘러싸여 있습니다. 이 영혼은 천상의 불꽃 속에서 정련되었으며, 순수하고 광휘로운 존재로서 빛납니다. 그 모습은 마치 소마의 왕처럼 장엄합니다.

이후 영혼은 지상으로 돌아오는 여정에서 심령계를 지나가며, 자신의 과거 카르마가 작용한 첫 번째 결과물로서 새로운 욕망체를 입습니다. 이 새로운 욕망체는, 과거 생에서 욕망적 본성으로부터 비롯되어 의식 속에 잠재하게 된 정신적 이미지들로 만들어집니다. H. P. 블라바츠키는 이 잠재된 상태를 '물질의 결핍(privations of matter)'이라고 불렀는데, 이는 존재할 수는 있으나 아직 물질적으로 드러나지 않은 상태를 의미합니다. 이제 이 잠재되었던 정신적 이미지들이 영혼에 의해 밖으로 투사되면, 즉시 심령계의 물질 중에서 자신의 본성과 맞는 욕망(카마)적 요소들을 끌어당깁니다. 그리고 이 결합을 통해, 새로운 환생에서 자아가 사용할 욕망체가 형성되어 식욕과 같은 본능적 욕구, 통제하기 어려운 격렬한 감정, 그리고 그보다 더 정제되지 않은 낮은 차원의 감정들의 기반이 됩니다.

때로는 순식간에 끝나고, 때로는 긴 시간이 필요한 이러한 구성 작업 동안 자아(Ego)는 스스로 준비해 온 카르마적 의복을 입을 준비를 갖춥니다. 이 단계에서 인간은 위대한 카르마의 대천사들(Lords of Karma)의 대리자들로부터, 자신이 과거에 제공한 요소들을 토대로 구축된 에테르체를 받게 됩니다. 그리고 이 에테르체를 기반으로 앞으로의 물질계 생애 동안 거주하게 될 육체가 형성됩니다.

이와 같이, 고유한 자아와 개체적 자아는 결국 스스로 만들어지는 존재입니다. 인간은 자신이 어떤 생각을 하느냐에 따라 그런 사람이 됩니다. 자신의 성격, 그리고 우리가 흔히 "타고난 재능"이라고 부르는 것들조차도 사실은 과거에 그 자신이 해 왔던 생각들의 결과이며, 전적으로 그 자신이 만들어 낸 것입니다. 인간은 진정으로 자기 자신을 스스로 형성하는 존재이며, 자신이 어떤 사람이 되었는지에 대해 온전히 책임져야 하는 존재입니다.

하지만 인간이 자신이 지닌 능력을 어떻게 실현할 수 있을지는, 어떤 육체와 에테르체를 가지고 태어나는가에 크게 좌우됩니다. 그리고 그가 놓이게 될 외적 환경 또한 마련되어야 합니다. 이와 같은 조건들인 육체와 환경은 그 사람의 삶의 외형과 현실을 형성하게 됩니다. 인간은 자신의 능력만을 따라 사는 것이 아니라, 과거에 자신이 만들어 낸 원인들에 의해 정해진 길을 따라 걷게 됩니다. 그리고 그 길 위에서, 자신이 일으킨 힘들에 의해 생겨난 기쁨과 슬픔, 다양한 사건들을 직접 겪게 될 것입니다.

그렇다면 여기서 중요한 의문이 떠오릅니다. 이 영혼이 자신의 능력을 펼칠 수 있는 무대는 어떻게 마련되는가? 그리고 그 영혼에게 적절한 도구와 반응할 수 있는 환경은 어떻게 찾아지고, 어떻게 맞춰지게 되는가?

2) 운명의 설계자 카르마의 대천사

우리는 이제 말로는 거의 설명할 수 없는 영역에 접근하고 있습니다. 그곳은 강력한 영적 지성체들의 세계이기 때문입니다. 그들의 본성은 인간의 지극히 제한적인 인식 능력을 훨씬 초월합니다. 이 위대한 존재들의 존재는 알려질 수 있으며, 그들의 작용 또한 어느 정도까지 추적할 수 있습니다. 하지만 우리가 그들을 이해하는 수준은, 가장 낮은 지능을 가진 하등 동물이 인간의 의식을 인지하는 것과 같습니다. 즉, 그 동물은 인간의 존재는 알아챌 수 있어도, 인간 의식의 범위나 작용 방식에 대한 개념은 전혀 가질 수 없습니다.

이러한 고차원적 지성체들에는 리피카(Lipika)와 네 명의 마하라자[18]가 있습니다. 이 중 리파카에 대해 『비밀의 교리』에서는 다음과

---

18 마하라자/데바라자(Mahārājas/Devarajas): "위대한 왕" 또는 "천상의 왕"이라는 뜻으로, 우주의 네 방향을 수호하며 카르마의 법칙을 집행하는 네 명의 천상적 존재. 이들은 리피카(Lipika)가 기록한 카르믹 기록에 따라, 개인과 집단의 운명에 우주적 정의가 실현되도록 하는 카르마의 집행관 역할을 수행한다.

같이 설명합니다.

"리피카는 '우주의 영들(Spirits of the Universe)'로, 우주 창조의 가장 은밀한 차원에 속한 존재들이다. 심지어 가장 고위의 아뎁트들조차도 이들 전체를 완전히 알지는 못하며, 이들이 인간의 기록과 연결된 계층 중 가장 낮은 단계에 모두 속하는 것인지에 대해서도 단언할 수 없다. 다만, 저자(블라바츠키)는 하위 계층만 인식되고 있다는 쪽에 더 무게를 둔다. 한 가지 분명한 사실은, 리피카는 카르마와 직접적으로 연결되어 있으며, 그 기록자 역할을 한다."(The Secret Doctrine, Vol. I, Sloka vi, Shloka 4.)

이 존재들은 "두 번째 일곱(the second Seven)"으로 불리며, 아카샤적 이미지로 가득한 심령 기록(astral records)과 연결되어 있습니다. 이들은 모든 인간의 운명과 출생에 관련되어 있으며, 인간 육체의 원형인 에테르체의 모델을 제공합니다. 이 에테르체는 자아(Ego)가 과거 생에서 발전시킨 정신적 능력(manasic faculties)과 욕망의 에너지(kamic energies)를 표현할 수 있는 육체적 도구로 작용하게 됩니다.

또한, 『비밀의 교리』에서는 다음과 같은 묘사도 등장합니다:
"각 모퉁이에 네 개의 '날개 달린 바퀴'가 있고, 각 바퀴에는 네 개의 얼굴과 네 개의 날개가 있으며, 이것들은 신적 현존의 불꽃의 보좌 네 모퉁이에 위치해 있다. 이 바퀴들 각각은 하나의 정령의 수레이며, 네 개는 네 명의 마하라자와 그들의 무리들을 상징한다."(The Secret Doctrine, Vol. I, Sloka vi, Shloka 4.)

이 마하라자들은 디안 초한[19] 계열의 위대한 왕들로, 네 방향(동서남북)을 관장하는 천상 존재들입니다. 이들은 카르마가 물질세계에서 실제로 작동할 수 있도록 돕는 물리적·물질적 매개체로 기능합니다. 말하자면, 보이지 않는 인과의 법칙이 물질계에서 구체적인 사건과 조건으로 나타나도록 중개하는 역할을 맡고 있는 것입니다.

마하라자들은 리피카로부터 하나의 '에테르체' 틀을 받습니다. 이 틀은 아직 물질이 채워지지 않은, 일종의 형태만 있는 상태입니다. 그런 다음, 이 틀에 자아(Ego)의 전생에 따라 적합한 에테르 성분들이 채워집니다.

이 에테르체에는 두 가지 핵심 요소가 담깁니다.
첫째, 자아가 과거 생애에서 발전시킨 능력들입니다. 이것은 새로운 생에서 그 능력을 표현할 수 있는 기반이 됩니다.
둘째, 과거에 저지른 잘못이나, 기회를 놓치고 낭비했던 경험들로

---

19 디안 초한(Dhyân-Chohan): "명상의 주"라는 뜻으로, 우주의 창조와 진화를 주관하는 천상의 지성적 존재들의 위계를 총칭한다. 이들은 신성한 계획을 실행하는 우주의 건축가들이며, 네 명의 마하라자와 같은 카르마의 집행관들도 이 위대한 위계의 일부에 속한다.

인해 생긴 제약입니다. 이러한 한계 역시 에테르체 안에 반영되어, 새 삶에서 겪게 될 제약 조건으로 작용하게 됩니다.

이렇게 만들어진 에테르체는, 다음 생에서 자아가 자신을 표현하기 위한 도구가 되는 동시에, 과거의 카르마가 부여한 한계를 담은 제약의 장치이기도 합니다. 이 모델은 힌두교에서 '프라랍다 카르마(Prârabdha Karma)', 즉 개시된 카르마라 불리는, 현재 생에서 발현될 예정인 카르마를 가장 잘 구현할 수 있는 국가, 인종, 가족, 사회 환경 속으로 이끕니다. 축적된 모든 카르마가 단 한 번의 생애에서 완전히 실현되는 일은 불가능합니다. 자아가 서서히 계발해 온 모든 능력들을 완전히 표현할 수 있는 도구를 찾는 것도, 환생의 여정에서 만난 모든 자아들과의 의무를 단일 생애에서 이행하는 것도 불가능하기 때문입니다.

따라서 하나의 생애는, 실현 가능한 범위 안에서의 일부 카르마만을 표현하게 됩니다. 이와 함께 제공되는 에테르체는, 자아가 현재 생애에서 과거에 관계했던 자아들 중 일부와 다시 연결될 수 있는 장소로 인도되며, 종교적·정치적·사회적 조건이 그 능력 일부를 표현할 수 있는 환경을 제공하는 국가가 선택됩니다. 인종 또한, 보다 큰 환생 법칙의 범주 안에서 자아가 발휘하려는 능력이나 특성과 유사한 유형이 선택됩니다.

육체는, 에테르체의 구조에 스스로를 맞출 수 있는 특정한 종류의 물질적 유전 형질이 진화해 온 가족이 선택됩니다. 다시 말해, 그 가족이 가진 일반적이거나 특수한 신체 구조가 자아의 정신적 본성과 욕망적 본성을 마음껏 펼칠 수 있는 장을 제공해 주는 것입니다.

이처럼 영혼이 지닌 수많은 자질과 세상에 존재하는 다양한 신체 유형 중에서, 서로에게 가장 적합한 것들이 선택됩니다. 그리하여 기다리는 자아를 위해, 그가 가진 카르마의 일부를 실현할 수 있는 적합한 몸체이자 도구이며 활동의 장이 구축되는 것입니다.

이러한 정교한 조율에 필요한 지식과 능력은 인간의 짧은 이해 범위를 훨씬 초월하지만, 우리는 이 조율이 실제로 이루어질 수 있으며, 완전한 정의가 실현될 수 있음을 직관적으로 인식할 수 있습니다.

한 인간의 운명이라는 직물은 우리에게는 수없이 많은 실타래로 구성되어 있으며, 그 끈들은 상상할 수 없을 정도로 복잡한 패턴으로 엮입니다. 어떤 끈은 갑작스레 사라진 듯하지만, 그것은 단지 '밑면'으로 들어간 것일 뿐이며, 다시 '윗면'으로 돌아올 수 있습니다. 또 어떤 끈은 예상치 못한 순간에 나타나지만, 그것은 오래도록 지하를 흐르다 다시 지상에서 드러난 것일 뿐입니다. 전체 직물 중 일부만 본다면 우리는 그 패턴을 인식하지 못할 수 있습니다. 이에 대해 현자

이암블리쿠스[20]는 다음과 같이 말했습니다:

"우리에게는 불공정해 보이는 일이 신들의 눈에는 완전한 정의일 수 있다. 우리는 삶의 아주 작은 조각만 보고 전체를 판단하려 하지만, 신들은 모든 시간 속에서 모든 생을 꿰뚫어 보고 있다."

"완전한 정의가 세상을 지배한다"라는 이 확신은, 영혼이 진화하고 지식이 확장될수록 점점 더 강해집니다. 자아가 더 높은 차원에서 관찰하고 그 통찰을 깨어 있는 의식으로 가져오게 될수록, 우리는 변함없는 정확성으로 선한 법칙이 작용하고 있다는 사실을 더욱 확신하게 되며, 그 법칙의 대리자들이 어디서나 틀림없는 통찰력과 지치지 않는 힘으로 이를 수행하고 있다는 것을 알게 됩니다. 이 확신은 끊임없이 증가하는 지식과 더불어, 깊은 기쁨으로 이어집니다.

그러므로 세상에서 힘겹게 나아가는 모든 영혼들에게는 결국 모든 것이 잘되고 있는 것입니다. 어둡고 혼탁한 인간 세상의 길 위에서, 신성한 지혜의 등불을 든 길잡이 영혼들이 "모든 것이 잘되어 가고 있다"라는 외침을 전하고 있기 때문입니다.

---

20   이암블리쿠스(Iamblichus): 3-4세기경 활동한 시리아 출신의 신플라톤주의 철학자. 그는 플로티노스의 사상을 계승하면서, 철학적 명상에 더하여 신성한 힘을 불러일으키는 의식인 '테우르기아(theurgy, 신성마법)'를 통해 영혼이 신과 합일할 수 있다고 주장하며 신비주의적 체계를 도입했다.

우리는 이 법칙이 작용하는 몇 가지 원리를 확인할 수 있으며, 이러한 지식은 원인을 추적하고 결과를 이해하는 데 있어 귀중한 안내가 될 것입니다.

3) 풍요와 결핍의 운명 창조

우리는 이미 '생각'이 인격을 형성한다는 사실을 살펴보았습니다. 이제 다음 단계로, '행동'이 삶의 조건, 곧 외적 환경을 형성한다는 사실을 인식해 봅시다.

여기에서 우리는 매우 광범위한 영향을 미치는 일반적인 원칙을 다루게 되며, 이를 좀 더 자세히 고찰할 필요가 있습니다. 인간은 자신의 행동을 통해 물질계에서 주변 사람들에게 영향을 미칩니다. 그는 타인에게 행복을 나누거나 고통을 야기함으로써, 전체적인 인간 복지의 총량을 증가시키거나 감소시킵니다.

이러한 행복의 증감은 여러 가지 동기에 의해 일어납니다. 그 동기는 (1) 선하거나, (2) 악하거나, 또는 (3) 이기심과 이타심이 뒤섞인 혼합된 동기일 수 있습니다. 예를 들어 어떤 이는 순전히 자비심, 곧 다른 존재에게 행복을 주고자 하는 열망에서 널리 즐거움을 주는 행위를 할 수 있습니다.

가령, (1) 첫 번째 사람은 순수한 이타적 동기에서 도시 주민들을 위해 공공 공원을 기증할 수 있습니다. (2) 두 번째 사람은 사회적 명예를 얻고자 하는 과시욕, 즉 타인의 주목을 받고자 하는 욕망에서 같은 행위를 할 수 있습니다. 예컨대 작위나 칭호를 얻기 위한 대가로 그 공원을 바치는 것입니다. (3) 세 번째 사람은 이타심과 이기심이 뒤섞인 동기에서 공원을 기증할 수 있습니다. 이 세 사람의 동기는 각자의 미래 환생에서 인격에 각기 다른 영향을 미쳐, 진보, 퇴보, 혹은 미미한 결과를 가져올 것입니다.

그러나 **많은 사람에게 행복을 안겨주는 행위의 효과는 공원 기증자의 동기에 달려 있지 않습니다. 사람들은 그 공원이 어떤 동기로 조성되었는지에 상관없이 그 안에서 기쁨을 누릴 것입니다. 그리고 이로 인해 생성된 즐거움은, 그 공원을 조성한 사람에게 '반드시 갚아져야 할 카르마적 부채'로 작용하게 됩니다.**

결국, 이들이 제공한 물리적 즐거움은 미래의 삶 또는 다음 생에서 편안하고 호화로운 환경으로 되돌아올 것입니다. 그들의 물질적 희생은 우주의 카르마적 정의에 따라 정당한 보상을 받게 되며, 이는 그들이 마땅히 누릴 권리입니다.

다만, 이렇게 주어진 부와 지위를 어떻게 활용하고, 그로부터 어떤 형태의 행복을 이끌어 내는지는 전적으로 그 사람의 인격에 달려 있

습니다. 그리고 이 역시 인과의 법칙에 따라 공정하게 반영됩니다. 각 씨앗은 반드시 그에 상응하는 열매를 맺는 법입니다.

편집자 노트

한국에서 전생 리딩으로 잘 알려진 박진여 선생은, 비트코인을 통해 젊은 나이에 막대한 부를 얻게 된 한 남성의 사례를 다음과 같이 설명한다. 그는 비트코인이 널리 알려지기 이전에 이를 구매해 큰 자산을 형성하였으며, 겉보기에는 이것이 단순한 '운'의 결과처럼 보일 수 있다.

하지만 박진여 선생은 이 남성의 전생을 투시한 결과, 그가 과거 생에서 위기에 처한 생명들을 구한 인물이며, 그 행위에 대해 당시에는 정당한 보상을 받지 못했었다고 말한다. 선행의 결과는 그 시점에서 즉시 보상되지 않았지만, 우주는 그 부채를 고스란히 간직하고 있었고, 마침내 현생에서 '비트코인'이라는 형태로 물질적 풍요를 보상받게 되었다는 것이다.

이 사례는 우리가 지금 이 순간 타인을 향해 행하는 모든 선한 혹은 악한 행위가 반드시 우리 자신에게 되돌아온다는 '카르마'의 핵심 원리를 분명하게 보여 준다. 겉으로 보기에 단순한 '운'처럼 보이는 일조차도 결코 우연의 산물이 아니다. 마치 항공사의 무작위처럼 보이는 좌석 승급도 사실은 내부 규정과 정당한 기준에 따라 결정되는 것처럼, 이 세상에서 벌어지는 모든 일은 보이지 않는 인과의 법칙 속에서 정당하게 배분된다. 현재 우리가 누리고 있는 삶의 조건들 역시, 예외 없이 과거의 행위에서 비롯된 필연적 결과다.

4) 기구한 운명의 원인과 공정성

한 생애에서 주어진 기회 속에서 자발적으로 베푼 봉사는, 다음 생애에서 더욱 확장된 봉사의 기회로 되돌아올 것입니다. 이처럼 의식적으로 선한 행위를 선택한 결과는, 향후 생에서의 능력·환경·기회를 통해 정당하게 보상받게 됩니다.

반대로, 주어진 기회를 인식하지 못하거나 그것을 게으름, 무관심, 이기심으로 인해 낭비한 경우, 그 결과 역시 인과의 법칙에 따라 다음 생에 반영됩니다. 다시 말해, 낭비된 기회는 도구의 한계와 환경의 제약으로 변형되어 나타납니다. 예를 들어, 에테르체의 뇌가 불완전하게 형성되면, 이는 결함 있는 육체적 뇌를 초래하게 됩니다. 그 결과 자아(Ego)는 계획은 세울 수 있지만 실행 능력이 부족하거나, 아이디어는 이해하되 그것을 뇌에 명확히 각인시키지 못할 수 있습니다. 낭비된 기회는 좌절된 열망, 표현되지 못한 욕망, 그리고 능력 부족이나 기회 결여로 인해 실현되지 못한 갈망으로 나타나게 됩니다.

이와 같은 원칙은 다음과 같은 경우에도 자주 적용됩니다. 예를 들어, 사랑하는 자녀나 소중한 보호자와의 유대가 갑작스레 끊어지는 상황입니다. 과거 생에서 어떤 자아가 사랑을 주고 보호했어야 할 누군가에게 무정하게 대하고 방치했다면, 그는 다시 태어난 삶에서 그 사람과 깊은 유대 관계를 맺도록 이끌릴 수 있습니다. 그리고 이번에는 그 사람에게 깊은 애정을 쏟고, 사랑을 주게 되지만, 그 애정의 대상은 갑작스러운 죽음을 맞이하며 다시 사라질 수 있습니다.

과거에 외면받았던 가난한 친척이 이번 생에서는 외아들이자 집안의 자랑이자 상속자로 다시 나타날 수도 있습니다. 그런데 부모는 그 사랑하는 아들을 잃고 집안이 황폐해진 것을 바라보며, "왜 우리 집만 이런 일을 겪어야 하는가?", "왜 우리 아이만 희생된 것인가?" 하고 주변에 무사한 다른 집 자녀들을 보며 '불공평한 섭리'에 대한 깊은 슬픔과 의문을 품게 됩니다. 하지만 카르마의 길은, 열린 눈을 가진 이들을 제외하고는 헤아리기 어려울지라도, 실상은 완전히 공정한 길입니다.

5) 카르마 집행의 주체로서의 영혼

선천적 신체적 문제는 에테르체의 결함에서 비롯되며, **이는 법칙에 대한 심각한 위반이나 타인에게 가한 상해에 대한 일생의 형벌일 수 있습니다.** 이 모든 것은 카르마의 대천사들의 작용으로 발생하며, 그들이 구성한 에테르체 모델이 자아의 오류, 과도함, 결함을 반영하여 필연적으로 기형적 육체를 초래하게 됩니다. 마찬가지로, 가족 질병에 대한 타고난 경향인 유전적 원인의 질병은 에테르체의 적절한 형태를 통해 자아가 인도되는 방식으로 구현됩니다. **이 또한 법칙의 공정한 작용**입니다.

예술적 재능의 발달도 또 다른 예시로 들 수 있습니다. 자아가 예술적 재능을 발달시켰다면, 카르마의 대천사들은 이에 응답하여 적절한 에테르체 모델을 제공하며, 이에 따라 섬세한 신경계가 물질계에서 물리적으로 형성됩니다. 이러한 경우, 자아는 종종 그와 유사한 재능이 여러 세대에 걸쳐 드러난 가족에게 인도됩니다.

예를 들어 음악 재능을 표현하기 위해서는 독특한 육체적 조건인 세밀한 청각 기관과 섬세한 감각 구조가 요구되며, 그러한 신체적 특성은 특정한 유전적 혈통에서 가장 쉽게 제공될 수 있습니다.

한편 고귀한 책이나 연설을 통해 인류 전체에 봉사하는 행위, 다시 말해 글이나 말을 통해 고양된 사상을 널리 퍼뜨리는 일은 카르마의 법칙에 대한 하나의 '요구'로 작용합니다. 그리고 이러한 요구는 법칙의 위대한 대리자들에 의해 철저히 이행됩니다. 이렇게 베푼 도움은 반드시 그 행위자에게 되돌아옵니다. 그것은 정신적, 영적 형태로 주어지는 도움이며, 이 도움은 행위자의 정당한 권리로서 돌아오는 것입니다.

이러한 관점에서 우리는 카르마가 작용할 때, 카르마의 대천사들과 자아(영혼)가 각각 어떤 역할을 맡는지에 대한 큰 원칙들을 이해할 수 있습니다. 우선 자아는 모든 카르마의 '원재료'를 제공합니다. 그러나 이 재료들은 그 본성에 따라 서로 다른 방식으로 사용됩니다.

첫째, 자아는 그 재료를 사용해 자신의 '인격'을 형성하고, 스스로를 점진적으로 진화시켜 갑니다. 둘째, 카르마의 대천사들은 그 재료에 따라 삶의 틀과 한계를 만드는 육체의 에테르체 모델을 프로그램하고, 이를 위한 적절한 환경을 선택하며, 인간들의 의지가 충돌하는 상황 속에서도 선(善)의 법칙이 어김없이 실현되도록 전체적인 조율과 조정을 맡습니다.

8. 카르마의 결과 직면하기

1) 운명의 노예?

사람들이 처음으로 카르마의 존재를 인식하게 되었을 때, 종종 "모든 것이 법칙의 결과라면, 나는 그저 정해진 운명에 따라 움직이는 무력한 꼭두각시가 아닌가?" 하는 의문이 들곤 합니다. 이러한 반응은 매우 자연스러운 것이지만, 카르마의 법칙이 어떻게 운명을 바꾸고 이끌어 갈 수 있는지를 이해하기 전에, 먼저 한 가지 사례를 통해 필연성과 자유의지가 어떻게 조화를 이루는지 살펴보는 것이 유익합니다.

예를 들어, 어떤 사람이 평범한 지능과 선과 악이 섞인 감정적인 기질을 가지고 태어났다고 가정해 봅시다. 그 사람은 특별히 뛰어나지는 않지만, 적당히 건강하고 균형 잡힌 에테르체와 물질 육체를 가지고 있습니다. 이 모든 조건은 그 사람의 출발선이자 한계입니다.

그 사람이 성장해 성인이 되면, 자신에게 주어진 정신적, 정서적, 심리적, 신체적 자질을 발견하게 됩니다. 이것이 그가 지닌 "자원"이며, 이 자원들을 가지고 살아가야 한다는 사실을 인식하게 됩니다. 그는 깨닫습니다. 어떤 고차원적인 지적 영역에는 도달할 수 없고, 자신이 이해하기 어려운 개념들도 존재한다는 것을. 또한, 그 사람의 감정적 성향은 서로 충돌하는 욕망들에 쉽게 흔들릴 수 있으며, 그 유혹들과 맞서 싸워야 한다는 사실도 알게 됩니다. 그 사람의 육체적 능력 역시 한계가 있으며, 아폴로처럼 아름다울 수도, 셰익스피어처럼 깊은 사고를 할 수도 없습니다. 그는 마치 일정한 범위 안에 갇힌 것처럼 느낍니다. 아무리 자유를 갈망해도, 그 범위 밖으로는 벗어날 수 없습니다. 게다가 그 사람은 다양한 종류의 문제들을 피할 수 없습니다. 고통은 그를 덮치며, 그는 다만 그것을 견디는 수밖에 없습니다.

이러한 제한과 고통들은 인간이 과거의 생각, 낭비된 기회, 잘못된 선택, 어리석은 굴복들로 인해 자초한 것입니다. 그 사람은 잊힌 욕망들에 묶여 있고, 오래된 실수들에 의해 얽매여 있습니다. 그럼에도 불구하고 그는 '속박된 존재'는 아닙니다. 진정한 인간, 곧 자각한 인간은 그렇지 않습니다. 현재를 구속하고 있는 과거를 만든 이가 바로 자기 자신이라면, 그 사람은 바로 그 감옥 안에서 일하며 자유로운 미래를 창조할 수 있습니다. 더 나아가, 그 사람이 본래부터 자유로운 존재임을 인식하는 순간, 그를 얽매고 있던 족쇄는 스스로 부서지게 됩니다. 그 사람의 인식의 깊이에 따라, 속박이 허상이라는 사실이 점차 드러날 것입니다.

2) 속박에서 자유로

그러나 지혜가 불꽃처럼 타오르지 않고, 단지 작은 불꽃으로 다가오는 보통의 사람에게 있어, 자유를 향한 첫걸음은 자신의 한계가 스스로 만들어 낸 것임을 수용하고, 그것을 서서히 확장하는 일입니다. 그 사람은 비록 아직 천재처럼 생각할 수 없지만, 자신이 가진 최선의 생각하는 능력을 발휘할 수 있으며, 머지않아 천재에 이를 가능성도 품고 있습니다. 그 사람은 미래를 위한 힘을 창조할 수 있으며, 실제로 그렇게 하게 될 것입니다.

그 사람의 정념적 어리석음을 단번에 제거할 수는 없지만, 그것과 싸울 수 있습니다. 실패한다 하더라도 계속 싸워 나감으로써, 결국에는 그것을 극복하게 될 것입니다. 그 사람은 현재 심령적·육체적으로 약하고 결점이 많을 수 있지만, 그의 생각이 점차 강해지고, 순수해지고, 아름다워지며, 그 사람의 행위가 유익한 방향으로 나아감에 따라, 그는 미래에 자신을 위해 더 완전한 형상을 보장하게 됩니다.

그 사람은 언제나, 감옥 안에 있더라도, 본질적으로 자유로운 영혼입니다. 그 자신이 쌓아 올린 벽이라면, 스스로 그것을 허물 수 있습니다. 그 사람을 가두는 간수는 따로 존재하지 않습니다. 그 자신만이 유일한 간수이며, 그 사람은 자신의 자유를 선택할 수 있으며, 그 의지를 발휘함으로써 결국 자유를 성취하게 될 것입니다.

어느 날, 그 사람에게 고통스러운 사건이 닥칩니다. 소중한 친구를 잃거나, 중대한 잘못을 저지르게 됩니다. 하지만 이것은 단순한 불운이 아닙니다. 그는 과거에 '생각하는 존재'로서 잘못된 선택을 했고, 이제는 '행위하는 존재'로서 그 결과를 감당하고 있는 것입니다. 그러나 사랑이 진실하다면, 그 인연은 영원히 사라지지 않습니다. 언젠가 다시 만나게 될 것입니다. 그때까지 그는 주변에 있는 사람들에게 그 사랑과 정성을 나누고, 과거처럼 이별의 씨앗을 뿌리지 않도록 삶을 살아갑니다.

그 사람은 분명한 실수를 저질렀고, 지금 그에 대한 대가를 치르고 있습니다. 그러나 그 실수는 단지 한순간의 행동이 아니라, 오래전 생각의 씨앗에서 시작된 것입니다. 그는 현재의 고통을 인내하며, 오늘의 '올바른 생각'을 통해 내일의 '수치 없는 삶'을 준비하고 있습니다. 그가 서 있는 어둠 속에 한 줄기 빛이 들어오며 속삭입니다.

"오, 고통받는 이여, 당신은 당신 자신으로부터 고통받고 있습니다. 그 누구도 당신에게 고통을 강요하지 않았습니다."

이제 그 사람에게 법칙은 더 이상 족쇄가 아닙니다. 이제, 족쇄처럼 느껴졌던 그 법칙은 날개로 변모하였으며, 그 날개를 통해 그는 과거에는 오직 꿈으로만 그릴 수 있었던 높은 세계로 날아오를 수 있게 되었습니다.

9. 법칙을 활용한 운명 창조

1) 의식적인 자기 창조

영혼들의 무리는 시간의 느린 흐름을 따라 앞으로 나아갑니다. 지구가 회전하면서 그들을 실어 나르고, 글로브[21]가 계속해서 순환하듯이, 이들도 함께 전진합니다. 그러나 '지혜의 종교'가 새롭게 세상에 선포되었으며, 이제 선택하는 모든 이들은 이 흐름에서 표류하는 것을 멈추고, 세계의 느린 진화를 능가하는 법을 배울 수 있게 되었습니다.

법칙의 의미, 그 절대적인 확실성, 그리고 오류 없는 정확성을 어느 정도 인식한 학생은, 스스로를 단속하고 자신의 진화를 의식적으로 관리하기 시작합니다. 이러한 학생은 자신의 인격을 면밀히 관찰하고, 그것을 의도적으로 조형합니다. 정신적·도덕적 자질들을 훈련시키고, 능력을 확장하며, 약점을 보완하고, 부족한 부분을 채우며, 불필요한 요소는 제거해 나갑니다.

---

21 글로브(Globe): 하나의 행성 사슬(Planetary Chain)을 구성하는 일곱 개의 세계, 혹은 진화 단계를 의미한다. 이 영역들은 물질계, 심령계 등 서로 다른 계(Plane)에 존재하며, 생명 파동은 이 일곱 영역들을 차례로 거치며 진화한다. 우리가 사는 물리적 지구 역시 우리 행성 사슬을 구성하는 일곱 영역 중 하나이다.

학생은 자신이 '명상하는 대상'이 결국 '자신'이 된다는 사실을 알기 때문에, 고귀한 이상에 대해 의도적이고 지속적으로 명상합니다. 그러한 사람은 위대한 기독교 입문자 바울이 제자들에게 말한 "무엇이든 참되며, 정직하며, 의로우며, 순결하며, 사랑스러우며, 칭찬할 만한 것이 있거든 그것들을 생각하라"의 의미를 이해합니다. 그 사람은 매일 자신의 이상에 대해 명상하고, 매일 그것을 실현하기 위해 노력합니다.

그리고 "서두르지 않고, 쉬지 않으며", 끈기 있고 침착하게 이 작업을 이어 갑니다. 왜냐하면 그 사람은 자신이 영원한 법칙이라는 반석 위에 건축하고 있음을 알고 있기 때문입니다. 학생은 법칙을 신뢰하고, 법칙을 피난처로 삼습니다. 이러한 사람에게 '실패'란 존재하지 않습니다. 하늘에도, 땅에도 그 사람의 길을 막을 수 있는 힘은 없습니다.

지상에서의 삶 동안 그는 모든 경험을 모아 활용하고, 데바찬(정신계)에서는 그 경험들을 통합하여 미래의 구조를 설계합니다.

여기에서 우리는 진정한 삶의 이론이 지닌 가치를 발견할 수 있습니다. 설령 그 이론이 완전한 개인적 지식이 아닌, 타인의 증언에 의존하는 것이라 하더라도 말입니다. 한 사람이 카르마의 작용을 받아들이고 그것을 부분적으로라도 이해하게 될 때, 그 사람은 즉시 자신의 인격이라는 구조물을 건설하기 시작할 수 있으며, 자신이 '영원을 위해' 그것을 건축하고 있음을 알기에 각 구성 요소를 신중히 다루게 됩니다.

그 사람은 더 이상 오늘은 이 계획, 내일은 저 계획, 그다음 날은 무계획 속에서 서둘러 짓고 허무는 식으로 시간을 낭비하지 않습니다. 이제 학생은 하나의 숙고된 인격 계획을 초안하고, 그 설계에 따라 성실히 건축해 나갑니다. 왜냐하면 그 시점에서 영혼은 '건축가이자 건설자'가 되었기 때문입니다. 그 사람은 이제 실패할 시작을 반복하지 않으며, 의미 없는 시도에 자신의 시간을 낭비하지 않습니다.

이로 인해 진화의 후기 단계로의 이행 속도는 비약적으로 빨라지고, 성숙한 영혼이 이루는 놀랍고도 믿기 어려울 정도의 진보가 눈앞에 펼쳐지게 됩니다.

2) 존재하는 카르마의 중화

미래를 의도적으로 구축하기 시작한 사람은 지식이 증가함에 따라, 이 지식이 단순히 자신의 인격을 형성하는 것을 넘어 자신의 미래 운명을 의식적으로 창조할 수 있음을 깨닫습니다. 그 사람은 자신이 실로 매우 본질적인 의미에서 만물의 중심에 있으며, 살아 있고, 능동적이며, 자기 결정적인 존재로서 자기 자신뿐만 아니라 자신의 환경에도 영향을 미칠 수 있음을 이해하기 시작합니다.

그 사람은 오랜 세월 동안, 시대마다 인류를 인도하기 위해 세상에 나타난 신성한 스승들이 확립한 위대한 윤리적 법칙들을 따르는 데 익숙해져 왔으며, 이제 이 법칙들이 자연의 근원적 원리들 위에 세워졌음을 깨닫습니다. 그 사람은 도덕성이란 '행동에 적용된 과학'이라는 사실을 이해합니다.

그 사람은 일상생활 속에서, 나쁜 행동으로 인해 발생할 수 있는 부정적 결과를 동일한 지점에 선한 힘을 의도적으로 적용함으로써 중화시킬 수 있음을 알게 됩니다. 어떤 사람이 그 사람에게 악한 생각을 보냅니다. 그 사람은 그 악의 에너지를 유사한 악한 생각으로 되갚을 수도 있지만, 그렇게 하면 두 생각-에너지체는 마치 두 방울의 물처럼 하나로 합쳐져 서로를 강화하게 될 것입니다.

하지만 그 악한 생각을 받는 자가 카르마를 아는 사람이라면, 그 사람은 그 악의적인 생각-에너지체를 연민의 힘으로 산산조각 냅니다. 파괴된 악한 생각-에너지체는 자신의 근원으로 녹아 돌아가며, 그 형체는 해체됩니다. 이처럼 악을 위한 그 힘은 연민에 의해 파괴되며, 이로써 "미움은 사랑으로 그친다"는 말이 실현되는 것입니다.

허위로 이루어진 기만의 에너지체들이 심령계로 나아가려 할 때,

지혜로운 사람은 그에 맞서 진리의 에너지체를 보냅니다. 순수함은 불결함을 파괴하고, 자비는 이기적인 탐욕을 해체합니다. 지식이 증가함에 따라 이러한 행위들은 점점 더 직접적이고 명확한 의도를 지닌 목적 지향적 행위가 됩니다. 생각은 의지를 날개 삼아 명확한 방향으로 날아가며, 강력한 영향력을 발휘합니다.

이렇듯, 악한 카르마는 발생 초기부터 즉각 제지되며, 해를 끼치려는 자와 그것을 용서함으로써 해체시킨 자 사이에는 아무런 카르마적 연결도 남지 않게 됩니다. "선을 행함으로써 악을 극복하라"라고 권했던 신성한 스승들은, 그러한 가르침을 단순한 도덕적 이상이 아닌 자연의 법칙에 대한 지식 위에 세웠습니다.

그 가르침의 과학적 근거를 완전히 이해하지 못한 채 복종하는 이들도, 미움에 미움으로 대응함으로써 발생할 수 있는 무거운 카르마를 줄이게 됩니다. 하지만 지혜로운 이들은 스승들의 가르침이 언제나 뿌리내리고 있던 진실들을 이해하며, 의식적으로 악한 형태들을 파괴하고 악의 씨앗을 불모화시킴으로써 미래의 고통이라는 수확을 미연에 방지합니다.

3) 미래를 수정하기 위한 지식

느리게 표류하는 일반적인 사람들과 비교했을 때 상대적으로 진보된 단계에 이른 사람은, 자신의 인격을 구축하고 자신의 길에 나타나는 생각-에너지체에 의도적으로 작용할 수 있을 뿐만 아니라, 과거를 돌아보며 현재를 더욱 정확하게 측정하고, 카르마적 원인들을 결과로서 추적할 수 있게 됩니다. 그 사람은 이미 작용 중인 다른 힘들과 상호 작용하도록 설계된 힘들을 의식적으로 활용함으로써 미래를 수정할 수 있습니다. 지식은 그가 자연의 여러 분야에서 과학자들이 법칙을 적용하는 것과 같은 확실성으로, 카르마의 법칙을 활용할 수 있게 만듭니다.

잠시 물리학의 운동 법칙을 살펴보겠습니다. 어떤 물체가 특정한 방향으로 운동을 시작해 계속 움직이고 있다고 가정합시다. 만약 그 물체에 초기 운동을 준 힘과는 다른 방향에서 새로운 힘이 가해지면, 그 물체는 두 힘이 결합된 새로운 방향으로 운동하게 됩니다. 에너지는 사라지지 않지만, 첫 번째 힘의 일부는 두 번째 힘을 상쇄하는 데 사용되고, 결과적으로 물체는 두 힘이 만들어 낸 상호작용의 방향을 따라 움직이게 됩니다. 물리학자는 물체를 원하는 방향으로 움직이게 하기 위해 어느 각도로 어떤 속도의 힘을 가해야 하는지 정확히 계산할 수 있으며, 설령 그 물체가 그의 즉각적인 통제 범위를 벗어나 있다 하더라도, 계산된 방향으로 힘을 가하여 궤도를 수정시킬 수 있습니다. 이것은 법칙의 위반도, 간섭도 아닙니다. 오직 지식을 통한 법칙의 활용일 뿐이며, 이는 인간의 의지가 자연의 힘을 도구로 활용하는 전형적인 방식입니다.

이 원리를 카르마의 형성에 적용해 보면, 법칙이 불가침이라는 점은 별도로 하더라도, 지식을 통해 카르마의 작용을 수정하는 행위에는 아무런 "간섭"이 없음을 쉽게 이해할 수 있습니다. 우리는 여전히 카르마적 힘을 사용하여 카르마적 결과에 영향을 미치고 있으며, 이는 다시 말해, 순종함으로써 자연을 정복하는 것입니다.

이제 진보된 학생이 과거를 되돌아보며, 그때의 여러 힘들이 현재로 모여들고 있고, 이 흐름이 미래에 바람직하지 않은 결과를 낳을 것임을 인식했다고 가정해 봅시다. 그는 의도적으로 새로운 힘을 그 흐름 사이에 끼워 넣음으로써 그 결과를 바꿀 수 있습니다. 결과는 그것을 만들어 내는 모든 힘들이 결합되어 만들어지는 것이므로, 그는 원인 중 하나로서 새로운 영향을 추가할 수 있습니다. 이를 위해서는 단순히 과거를 볼 수 있는 능력만이 아니라, 과거와 현재를 연결하고, 자신의 개입이 어떤 영향을 미칠지를 계산하며, 그것이 어떤 새로운 결과들을 불러올지를 예측할 수 있는 통찰력이 필요합니다.

이러한 방식으로 그는 이미 일어난 과거 자체를 지울 수는 없지만, 그 과거로 인해 생겨날 결과가 아직 나타나지 않은 상태라면, 그것이 형성되는 과정에 새로운 원인을 추가하여 결과를 바꾸거나 전환시킬 수 있습니다. 이 모든 과정은 단지 카르마의 법칙을 '활용하는 것'일 뿐입니다. 이는 마치 물리학자가 어떤 에너지를 파괴하지 않고도 물체의 방향과 속도를 바꾸는 것과 같습니다. 그는 에너지 흐름의 방향을 조절하여 원하는 결과로 이끌 수 있는 것입니다.

이처럼, 카르마는 가속될 수도, 지연될 수도 있으며, 그것이 작용하는 환경에 따라 외형적 모습도 바뀔 수 있습니다.

4) 지식과 헌신을 통한 해방의 가속화

같은 개념을 조금 다른 방식으로 표현해 봅시다. 이 개념은 매우 중요하고 유익하기 때문입니다. 지식이 자라남에 따라, 과거의 카르마를 해소하는 일은 점점 더 쉬워집니다. 해탈을 향해 나아가는 영혼의 시야에는, 완성을 향해 작용하는 모든 원인들이 점차 들어오게 됩니다. 영혼이 자신의 지난 삶을 되돌아보고, 수 세기를 거쳐 천천히 기어오른 길을 내려다볼 때, 스스로를 속박했던 구조가 어떻게 만들어졌는지, 어떤 원인들을 작동시켰는지 볼 수 있게 됩니다. 또한, 그중 어떤 원인들이 이미 작용하여 소멸되었고, 어떤 것들이 아직도 작용 중인지를 인식하게 됩니다.

영혼은 과거를 바라볼 뿐만 아니라, 미래를 내다보며 현재 작용 중인 원인들이 어떤 결과를 낳게 될지도 볼 수 있습니다. 그러므로 과거의 원인들과 미래의 결과들을 동시에 파악할 수 있습니다. 마치 물리적 자연법칙에 대한 지식을 통해 우리가 결과를 예측할 수 있고, 그 결과를 가져오는 법칙 자체를 인식할 수 있는 것처럼, 이 원리를 더 높은 차원으로 확장하면, 발전된 영혼은 자신이 과거에 작동시킨 카르마적 원인들과 미래에 마주할 결과들을 함께 꿰뚫어 볼 수 있습니다.

그리하여, 원인에 대한 그러한 지식과 그것의 작용에 대한 통찰이 있다면, 우리는 새로운 원인을 의도적으로 도입하여 원치 않는 결과를 상쇄할 수 있습니다. 이때 의지에 의해 움직이는 힘을 신중히 계산하고, 불변의 법칙에 의지함으로써, 우리는 미래의 결과들을 재구성할 수 있습니다. 그것은 단지 계산의 문제입니다.

예를 들어, 과거에 증오의 진동이 발생하여 작동하고 있다고 가정해 봅시다. 우리는 의도적으로 그 증오의 진동에 맞서 사랑의 진동을 일으켜, 그 진동들이 현재와 미래에 작용하는 것을 막을 수 있습니다. 이것은 음파의 원리와 같습니다. 두 개의 음파를 가져와서 하나가 다른 하나보다 약간 늦게 시작하게 만듭니다. 이렇게 하면 한 파동의 마루(peak)가 다른 파동의 골(trough)과 상응하게 됩니다. 이 간섭(interference)을 통해 소리에서 침묵을 만들어낼 수 있는 것처럼, 더 높은 영역에서도 동일합니다. 지식에 의해 활용되고 의지(will)에 의해 통제되는 사랑과 증오의 진동을 통해, 카르마적 원인을 종식시키고 평형에 도달하는 것이 가능합니다. 이 평형이 바로 해방의 다른 이름입니다.

이러한 지식은 대부분의 사람들에게는 직접 와 닿지 않습니다. 그러나 그들이 '영혼의 과학'에 따라 살아가기로 결심한다면, 전문가들의 증언을 받아들이고, 세상의 위대한 스승들이 전해 준 도덕적 가르침에 귀를 기울일 수 있습니다. 비록 그 가르침이 어떻게 작동하는지는 정확히 이해하지 못하더라도, 그들의 직관이 그 가르침에 반응한다면, 순응을 통해서도 결국 똑같은 결과에 이를 수 있습니다. 이는 더 명확한 통찰을 통해 얻는 결과와 다르지 않습니다. 따라서 스승에 대한 헌신과 복종은, 지식과 마찬가지로 해탈을 향한 길이 될 수 있습니다.

이러한 원칙들을 모든 방향으로 적용하면, 학생은 인간이 얼마나 무지로 인해 방해받고 있는지를 인식하게 되고, 동시에 지식이 인간 진화에서 얼마나 결정적인 역할을 하는지도 깨닫게 됩니다. 사람들은 알지 못하기 때문에 방황하고, 보지 못하기 때문에 무기력합니다.

그렇기에 일반 대중보다 빠르게 자신의 길을 완주하고, 마치 경주마가 평범한 말을 앞지르듯 게으른 무리를 앞서가고자 하는 이에게는, 사랑뿐만 아니라 지혜가 필요하고, 헌신뿐만 아니라 지식이 필요합니다. 그는 오래전에 형성된 속박의 사슬들을 느릿하게 닳게 할 필요가 없습니다. 그는 그것들을 단칼에 끊어 낼 수 있으며, 그 효과는 마치 사슬이 자연히 녹아 없어져 자유를 얻은 것과 동일합니다.

10. 카르마의 소멸

1) 무집착의 원리

카르마는 우리를 끊임없이 환생으로 이끌며, 생사의 수레바퀴에 우리를 매어 둡니다. 선한 카르마 또한 나쁜 카르마 못지않게 우리를 다시금 이끌어 당기며, 미덕으로 짜인 사슬은 악덕으로 벼려진 사슬만큼이나 단단하고 질깁니다. 인간은 살아 있는 한 반드시 생각하고 느끼게 되며, 이러한 생각과 감정은 끊임없이 새로운 카르마를 창조합니다. 그렇다면 이 사슬의 직조를 어떻게 멈출 수 있겠습니까?

이 질문에 대한 해답은 『바가바드 기타』의 위대한 가르침 속에 담겨 있습니다. 이 가르침은 은둔자나 고요한 명상가가 아닌, 국가적 의무를 수행하던 전사 계급의 왕자에게 주어진 것이었습니다.

인간을 얽매는 것은 행동 자체가 아니라, 행동의 결과에 집착하는 욕망입니다. 우리는 어떤 결과를 원하기 때문에 행동하고, 그 결과를 얻기 위해 특정한 길을 선택합니다. 영혼은 기대하고, 우주는 그 기대에 반응합니다. 영혼이 요구하면, 우주는 응답합니다.

원인은 반드시 결과를 낳고, 모든 행동은 그 열매를 맺습니다. 그리고 욕망은 그 행동과 결과 사이를 연결해 주는 끈과 같습니다. 그러나 만약 그 욕망이 소멸된다면, 그 연결은 끊어지고, 마음을 얽매던 모든 속박도 사라지게 됩니다. 이때 영혼은 진정으로 자유로워집니다. 더 이상 카르마는 영혼을 속박하지 못하고, 인과의 수레바퀴는 계속 돌아가지만, 영혼은 그 바퀴 위가 아닌, 그 너머에서 자유롭게 존재할 수 있습니다.

"집착 없이, 끊임없이 자신의 의무를 수행하라. 왜냐하면 집착 없이 행위할 때, 인간은 진정으로 최고 존재에 도달하기 때문이다."

이러한 카르마 요가(행동의 요가)를 실천하기 위해, 인간은 모든 행동을 '의무'로서 수행해야 합니다. 존재의 어느 차원에서든 법칙에 순응하려 노력하며, 진화를 위한 신성한 의지에 자신을 일치시켜 그 도구가 되고, 모든 행위에서 완전한 복종을 보여야 합니다. 그렇게 그의 모든 행동은 자기 내어줌의 성격을 띠게 됩니다. 그것들은 어떤 결과를 얻기 위해서가 아니라, 법칙의 수레바퀴를 돌리기 위해 헌납되는 것입니다. 행위는 '의무'로서 이루어지고, 그 결과는 인류를 위한 봉사로 기꺼이 내어줍니다. 그는 그것에 대해 아무런 집착도 갖지 않으며, 그것은 법칙에 속하고, 분배는 법칙의 몫입니다. 따라서 우리는 『바가바드 기타』에서 다음과 같은 가르침을 읽게 됩니다:

"모든 행위가 욕망의 틀에서 벗어나고, 그 행위들이 지혜의 불꽃 속에서 사라진 자—그를 현자라 부릅니다."

"행동의 결과에 대한 집착을 버리고, 항상 만족하며 누구에게도 의존하지 않기에, 그는 행동하지만 실상 아무것도 하지 않는 자입니다."

"욕망에서 자유롭고, 자아에 의해 마음이 통제되며, 모든 집착을 내려놓고 오직 육체만을 통해 행동하는 자는 죄를 짓지 않습니다."

"무엇을 받든 만족하며, 대립하는 감정에서 벗어나 있고, 질투심이 없으며, 성공과 실패 앞에서도 평정한 자—그는 행동하지만 결코 속박되지 않습니다."

"욕망을 끊고, 내면이 조화롭고, 생각이 지혜에 뿌리내린 자의 모든 행위는 마치 제물처럼 불태워져 사라집니다."

몸과 마음은 각자의 방식으로 활동합니다. 육체는 물질적인 행위를 수행하고, 마음은 정신적인 활동을 합니다. 그러나 참된 자아는 그 모든 가운데에서도 침묵 속에 머물며, 흔들림 없이 중심을 지킵니다. 시간의 굴레를 형성하기 위해, 그 안에 있는 영원한 본질을 내어주지 않습니다. 올바른 행동은 결코 태만하게 이루어지지 않으며, 가능한 모든 힘을 다해 성실히 수행됩니다. 결과에 대한 집착을 버리는 것은 행동을 등한시하거나 무관심하게 만드는 것이 아니라, 오히려 더 큰 자유로 이어지는 길입니다.

"오 바라타여, 무지한 자들이 집착에 끌려 행동하듯이, 지혜로운 자는 인류를 위해 집착 없이 행동해야 하느니라."

"지혜로운 자는 무지한 자들의 마음을 어지럽히지 말고, 스스로 법칙에 따라 조화롭게 살아감으로써, 그들의 행위를 고귀한 것으로 인도해야 하느니라."

이처럼 "행위 속의 무행위"라는 경지에 도달한 자는, 카르마 소멸의 비밀을 깨달은 자입니다. 그 사람은 지식으로 과거의 행동을 파괴하고, 헌신으로 현재의 행동을 불태웁니다. 그때 그는 요한 계시록에서 "성전 밖으로 더 이상 나가지 않는 자"가 됩니다. 영혼은 많은 생애를 거쳐 성전 밖, 생명의 평원으로 나아가지만, 마침내 '기둥'이 되는 날이 옵니다.

"내 하나님의 성전의 기둥이 되리니, 그는 결코 다시 나가지 아니하리라."(계 3:12)

그 성전은 해방된 영혼들의 우주이며, 그곳에는 아무것에도 속박되지 않은 자들만이 존재합니다. 그러나 그들은 유일자의 이름으로 모든 존재를 위해 기꺼이 속박되기를 선택합니다.

2) 욕망의 초월과 신성한 봉사

그렇다면 이러한 욕망의 속박, 즉 개체적 욕망의 속박은 깨어져야 합니다. 우리는 그 깨어짐이 어떻게 시작되는지 알 수 있습니다. 여기에 많은 젊은 학생들이 빠지기 쉬운 하나의 실수가 있습니다. 너무도 자연스럽고 쉬운 실수이기에 반복적으로 일어납니다. 사람은 마음을 억제함으로써 '마음의 속박'을 깨뜨릴 수 없습니다. 감각 없는 돌이나 금속처럼 자신을 만들려는 노력으로 욕망의 속박을 끊을 수는 없습니다. 제자는 해탈에 가까워질수록 둔감해지는 것이 아니라 오히려 더욱 민감해지며, 강퍅해지는 것이 아니라 더욱 부드러워집니다.

완전한 '스승과 같은 제자'는 외부 우주의 모든 떨림에 반응하고, 모든 것에 감동하며, 모든 것에 응답하는 사람입니다. 그는 단지 자신을 위해 아무것도 욕망하지 않기 때문에 모든 것을 모두에게 줄 수 있는 존재입니다. 그런 사람은 카르마에 얽매이지 않으며, 영혼을 속박하는 어떤 끈도 만들지 않습니다. 제자가 점점 더 세상을 향한 신성한 생명의 통로가 되어 갈수록, 그는 그 위대한 생명이 흘러갈 수 있는 더욱 넓은 그릇이 되는 것 외에는 아무것도 바라지 않습니다. 그의 유일한 소망은 자신 안의 장애물을 줄여 그 생명의 흐름을 막지 않게 되는 것입니다. 봉사만을 바라며, 일하기 위해 일하는 것이 제자의 삶이며, 바로 그 삶에서 속박하는 끈들은 끊어집니다.

  하지만 결코 끊어지지 않는 하나의 속박이 있습니다. 그것은 진정한 연합의 속박이며, 실제로는 속박이 아닙니다. 왜냐하면 그것은 나뉘어 구분될 수 없는 것이기 때문입니다. 그것은 유일자와 전체, 제자와 스승, 스승과 그의 제자를 하나 되게 하는 유대입니다. 우리를 끊임없이 앞으로, 위로 이끄는 신성한 생명은 우리를 생사의 수레바퀴에 묶지 않습니다.

  우리는 지상으로 다시 이끌립니다. 처음에는 그곳에서 우리가 즐기는 것들에 대한 욕망 때문에 이끌렸다면 그다음에는 지상을 성취의 장으로 삼는 더 높고 고귀한 욕망(영적 지식, 영적 성장, 영적 봉사를 향한 갈망)들에 의해서입니다. 모든 것이 성취된 후에도, 스승들이 여전히 인간 세계에 남는 이유는 무엇입니까? 세상이 그들에게 제공할 수 있는 것은 아무것도 없습니다. 그들이 알지 못하는 지식은 없으며, 그들이 행사하지 못하는 힘도 없습니다. 그들의 삶을 더욱 풍요롭게 해 줄 경험도 없으며, 세상이 그들을 다시 태어나게 할 수 있는 그 어떤 것도 없습니다.

  그럼에도 그들은 다시 이 세상에 옵니다. 그들을 부르는 부름은 신성한 강제이며, 이는 그들 내면에서 솟아오르고 또한 외부로부터 작용합니다. 이 강력한 부름은 그들을 지상으로 이끌어 다시 태어나게 하며, 그렇지 않았다면 영원히 떠나 버렸을지도 모를 이곳으로 그들을 데려옵니다. 그들은 세월이 흐르고 천년이 지나도록 끊임없이 일합니다. 자신의 형제들을 돕고, 다른 영혼들이 자신처럼 성장하여 신성의 자각된 삶에 이르도록 돕기 위해서입니다. 세상은 그들에게 어떤 보상도 줄 수 없지만, 그들이 얻는 기쁨과 평화는 말로 다 표현할 수 없을 정도로 깊고 충만합니다. 그것은 바로 사랑에서 오는 기쁨이며, 이기심 없는 봉사에서 오는 평화입니다.

11. 집단 카르마

1) 개인과 집단 카르마의 상호 작용

영혼들이 가족, 카스트, 국가, 인종이라는 집단으로 모이는 일은 카르마의 결과에 새로운 혼란 요소를 도입합니다. 바로 이 지점에서, 이른바 '우연'이라 불리는 사건들과, 그에 대응해 끊임없이 작용하는 카르마의 대천사들의 조정이 개입할 여지가 생깁니다.

개인 차원에서 보자면, 그 사람의 카르마에 포함되지 않은 일은 결코 그에게 닥칠 수 없습니다. 그러나 국가적 재난이나 지진과 같은 대규모 파국이 그에게 닥칠 경우, 이는 본래 현재 생애 주기에서 일어나지 않았을 부정적 카르마의 일부를 소멸시킬 기회를 제공할 수 있습니다. 필자는 이에 대해 확실한 지식은 없으며 다만 추정할 수 있을 뿐입니다. 다만, 어떤 대재난 속에서도 만일 그 사람이 그러한 죽음을 '법칙에 빚지고 있지 않다면', 그 죽음은 그의 생명을 앗아 갈 수 없습니다. 그는 이웃들이 휩쓸려 간 죽음과 파멸의 소용돌이 속에서 '기적적으로 보존되었다'고 여겨질 것이며, 폭풍과 불길 속에서도 무사할 것입니다.

반대로, 그 사람이 생명의 빚을 지고 있었고, 국가적 혹은 가족적 카르마에 의해 그러한 혼란의 상황 안으로 끌려 들어갔다면, 설령 그 특별한 생애를 위해 계획된 에테르체에는 갑작스러운 죽음이 포함되어 있지 않았다 하더라도, 그 사람을 보호하기 위한 적극적인 개입은 이루어지지 않을 수 있습니다. 이런 경우, 지상의 삶에서 갑작스럽게 떠나게 된 충격으로 인해 과도한 고통을 겪지 않도록, 사후에는 특별한 보살핌이 제공될 수 있습니다. 하지만 그 사람은 더 크고 넓은 법칙의 흐름인 자신을 둘러싼 집단적 카르마의 작용 속에서 자신의 '생명의 빚'을 갚도록 허용될 것입니다.

마찬가지로, 그 사람이 선한 국가적 카르마의 열매를 누리고 있는 국가에 속해 있다면, 법칙의 이러한 간접적 작용을 통해 그에게 유익한 결과가 돌아올 수도 있습니다. 이로써 그 사람은, 본래 자신의 개별적 카르마에는 예정되어 있지 않았던 현재의 운명 속에서, 자연에 진 빚의 일부를 상환할 수 있게 됩니다.

한 사람이 특정한 나라에서 태어나는 것은 단지 그 사람의 개별적 성향 때문만은 아닙니다. 그것은 동시에 인류 전체가 따르는 보편적인 진화의 원리들에도 영향을 받습니다. 영혼은 매우 느린 속도로 발달해 나가며, 인류 진화의 일반적인 흐름 속에서 하나의 글로브에 존재하는 일곱 뿌리 인종[22]을 모두 통과해야 합니다. 그리고 각 뿌리 인

---

22 뿌리 인종(Root Races): 신지학에서 인류 진화의 주요 단계를 설명할 때 사용하는 개념이다. 하나의 지구 주기(globe round) 동안 인류는 일곱 단계의 뿌리 인종을 차례로 거치며, 각 단계마다 물질적·심리적·정신적인 특성이 점차 발달한다고 본다.

종에 속한 여러 하위 인종[23]들 역시 하나하나 거쳐야 합니다. 이러한 진화의 필연성은 개별 영혼에게 일정한 조건들을 요구합니다. 따라서 개인의 카르마도 이 진화적 요구에 맞게 자신을 조율해야 합니다. 영혼이 통과해야 할 특정 하위 인종에 속한 국가는, 그 영혼에게 필요한 보다 구체적인 환경과 조건들을 제공해 줄 수 있는 장이 됩니다.

오랜 환생의 흐름을 추적해 보면, 어떤 이들은 하위 인종에서 하위 인종으로 매우 규칙적으로 진보하는 반면, 다른 이들은 보다 불규칙하며, 때로는 특정 하위 인종 안에서 반복적으로 환생하는 경우도 있습니다. 하위 인종의 범위 안에서도 개별적 특성은 그 사람을 특정 국가로 이끌고, 우리는 약 1,500년의 간격[24]으로 특정 국가의 특성이 역사 속에 집단적으로 재현되는 경향을 볼 수 있습니다. 예를

---

23 하위 인종(Sub-races): 각 뿌리 인종은 다시 여러 하위 인종으로 나뉘며, 이는 지역적·문화적·민족적 차원의 세부적인 진화 단계를 의미한다. 뿌리 인종이 인류 전체의 큰 진화 흐름이라면, 하위 인종은 그 안에서 이루어지는 보다 구체적인 진화 단계를 나타낸다.

24 15세기 주기설: 고전 신지학 문헌에서 자주 언급되는 개념으로, 자아(Ego)가 다시 지상에 환생하기까지 평균적으로 약 1,500년의 간격이 있다는 견해를 말한다. 하지만 이 수치는 지상의 시간 기준으로 환산한 상징적 평균일 뿐, 실제로 고정된 주기를 의미하지는 않는다. 신지학에 따르면 천상계(정신계)는 물질적 시간과 공간을 초월한 영역이며, 그 체류는 '영원한 현재' 속에서 이루어진다. 따라서 환생은 반드시 1,500년 후에 일어나는 것이 아니라, 자아의 진화 상태, 개인의 카르마, 영혼 집단과의 관계, 새로운 삶에서 수행할 과제 등에 따라 다양하게 전개된다. 경우에 따라 수 세기 이상이 걸리기도 하고, 반대로 수십 년 이내에 다시 환생하는 경우도 있다. 나아가 과거·현재·미래는 더 높은 차원에서 동시에 현존한다는 관점에서 보면, 환생은 선형적 시간 개념을 넘어선 보다 유동적인 과정으로 이해되어야 한다. (편집자 주)

들어, 많은 로마인들이 영국인으로 환생하여, 진취적이고 식민지 개척적이며 정복적이고 제국주의적인 성향을 다시 드러냅니다. 이러한 국가적 특성이 강하게 나타나고, 환생할 시기가 도래한 이들은 자신의 카르마에 따라 영국 국민으로 태어나게 되며, 이처럼 국가의 운명은 개인의 운명에 영향을 미쳐, 좋든 나쁘든 그것을 함께 겪게 됩니다.

가족적 유대는 국가적 유대보다 본질적으로 훨씬 더 개인적입니다. 한 생애에서 깊은 애정으로 연결된 사람들은 종종 같은 가족으로 다시 모이는 경향이 있으며, 때로는 이러한 유대가 생애마다 끈질기게 반복되어, 두 인격체의 운명이 여러 생애에 걸쳐 깊이 얽히기도 합니다. 그러나 경우에 따라, 함께한 지상의 삶 동안의 지적 또는 영적 활동의 차이로 인해 서로 다른 데바찬 기간이 요구되어, 가족 구성원들이 환생에서 흩어지기도 하며, 여러 생애가 지난 후에야 다시 만나는 일도 있습니다.

일반적으로, 이처럼 영혼의 차원에서 맺어진 유대가 깊을수록, 다음 생에 다시 같은 가족으로 태어날 가능성이 커집니다. 이러한 경우, 개인의 카르마는 서로 얽혀 있는 가족 전체의 카르마에 영향을 받습니다. 그 결과, 개인은 자신의 이번 생에 예정된 카르마에 원래는 없었던 기쁨을 누리거나 고통을 겪을 수도 있습니다. 이를 통해, 말하자면 '기한이 지난' 카르마의 빚을 미리 받거나 갚게 되는 것입니다. 덧없는 개체적 자아의 관점에서 보았을 때, 이러한 과정은 카마로카와 데바찬에서 일종의 정산이나 보상을 가져와, 그 개체적 자아에게조차 완전한 정의가 이루어지도록 하는 것으로 보입니다.

집단적 카르마의 세부적인 작용을 논의하는 일은 이 초보적인 저작의 범위를 훨씬 넘을 뿐 아니라, 저자의 지식 수준을 초과하는 일이기도 합니다. 현재 단계의 학생들에게는 이처럼 단편적인 정보만이 주어질 수 있으며, 그 정확한 이해를 위해서는 수천 년에 걸쳐 추적된 개별 사례들에 대한 오랜 연구가 필요할 것입니다. 이러한 문제들에 대해 섣불리 추측하는 것은 무익하며, 우리에게 필요한 것은 인내심 있는 관찰입니다.

2) 인류의 생각이 빚어내는 재난과 격변

그러나 집단적 카르마에는 또 하나의 측면이 있으며, 이에 대해서는 적절히 언급할 수 있습니다. 그것은 인간의 생각과 행위가 외부 자연의 여러 측면들과 맺는 관계입니다. 이 다소 모호한 주제에 대해 블라바츠키는 다음과 같이 설명합니다.

플라톤의 사상을 계승한 아리스토텔레스는 '스토이케이아($\sigma\tau o\iota\chi\epsilon\iota\alpha$, 원소)'라는 용어가 우리의 우주를 구성하는 네 가지 주요 요소에 배치되어, 그것들을 지배하는 비물질적 원리들을 의미한다고 보았습니다. 따라서 고대 이교도들은 기독교인들과 마찬가지로, 단지 원소 자체나 상상된 방위점을 숭배한 것이 아니라, 각각의 원소를 다스리는 신적 존재들을 숭배한 것입니다.

기독교 교리에 따르면 정신계 존재는 '천사'와 '악마'라는 두 종류가 존재합니다. 그러나 카발리스트와 오컬티스트들은 본질적으로 단 하나의 종류만을 인정하며, 이들은 로마 가톨릭이 '빛의 관리자'라고 부르는 존재들을 다른 이름으로 부르더라도, 그들 사이에 '빛의 관리자'와 '어둠의 관리자', 즉 코스모크라토르(Cosmocratores) 간에 본질적인 차이는 존재하지 않는다고 봅니다.

그러므로 어떤 이가 처벌을 받거나 보상을 받는 것은, '신의 뜻'이나 명령 때문이 아니라, 순전히 인간 자신의 행위와 카르마의 결과입니다. 다시 말해, 그것이 개인적이든 집단적이든(예: 국가 전체의 경우), 인간의 생각과 행동이 스스로 온갖 형태의 재앙과 고통을 불러오는 것입니다.

인간은 원인을 창조하고, 이러한 원인들은 우주에서 대응하는 힘들, 즉 심령계에서 작용하는 힘들을 자극합니다. 그렇게 자극받은 힘들은 마치 자기장이 끌리듯 자연스럽고 필연적으로 반응하게 됩니다. 이 힘은 실제로 악행을 저지른 자에게든, 혹은 단지 악한 생각을 품은 자에게든 똑같이 작용합니다.

현대 과학도 생각이 물질임을 인정하고 있습니다. 제본스와 배비지 같은 학자들은 『과학의 원리』에서 "존재하는 물질의 모든 입자는, 일어난 모든 것의 기록을 담고 있다"라고 설명합니다. 이로써 현대 과학은 자각하지 못한 채, 점점 더 깊이 오컬티즘의 세계로 들어가고 있는 셈입니다.

"생각은 물질이다." 이는 독일 유물론자 몰레쇼트가 주장한 "생각은 물질의 운동이다"라는 극단적 명제와는 다릅니다. 몰레쇼트의 주장은 잘못된 것입니다. 왜냐하면 정신 상태와 물질 상태는 본질적으로 전혀 다른 차원에 존재하기 때문입니다. 그럼에도 불구하고, 모든 생각은 물리적 변화, 특히 뇌의 변화를 수반하며, 동시에 심층적 차원에서 객관적인 실체를 갖습니다. 비록 그것이 우리에게는 초감각적인 방식으로만 인식될 수 있더라도 말입니다.

만약 인간이 악의적이며 파괴적인 생각을 집단적으로 하게 되면 악의적이며 파괴적인 생각-에너지체를 대규모로 창조하게 됩니다. 그리고 이것들은 심령계에 거대한 덩어리로 응집되고, 그 에너지는 결국 물질계에 구현되게 됩니다. 그 결과는 전쟁, 혁명, 온갖 종류의 사회적 혼란과 격변이 일어나며, 이는 그 생각을 창조한 이들에게 집단적 카르마로 되돌아와 광범위한 파괴를 초래합니다. 이처럼 인간이 살아가는 세계는 인간들의 창조적 행위(생각)에 의해 형성됩니다. 즉 인간은 집단(국가, 지역, 가족) 차원에서도 자신의 운명을 창조한 운명의 주인인 것입니다.

범죄, 전염병의 확산, 재난의 주기적 발생 등도 이와 같은 방식으로 설명할 수 있습니다. 예를 들어, 분노의 생각-에너지체는 살인을 부추기는 힘으로 작용하며, 그 힘에 결합한 정령들은 그러한 범죄 행위에서 활력을 얻습니다. 그 결과, 희생자를 사랑했던 이들의 복수심, 범죄자가 품은 분노, 그리고 갑작스럽게 죽은 자의 좌절감과 같은 또 다른 부정적인 생각들이 연쇄적으로 발생하면서, 수많은 악의적 에너지 형체들이 생성됩니다.

이러한 과정을 통해 정령(생각-에너지체)들의 집단은 더욱 강력해지고, 하나의 자율적이며 파괴적인 순환 고리를 형성하게 됩니다. 이 정령들은 다시금 심령계에서 악한 자를 자극하여 새로운 범죄로 이끌며, 그렇게 충동의 순환이 반복되어 폭력의 전염병이 발생하게 됩니다. 질병이 퍼질수록, 그리고 그 질병에 대한 공포가 커질수록, 그에 대한 집단적 생각은 질병의 영향력을 더욱 강화시키고, 자기장의 혼란이 생겨나며, 그 영향은 해당 지역 사람들의 자기장 영역에 반응하게 됩니다.

우주 안에서 신성한 공동 창조자로서 역할을 해야 할 인간이 자신의 창조적 능력을 파괴에 사용하는 한, 그의 악한 생각은 모든 방향으로, 끝없이 다양한 방식으로 혼란을 일으킬 수밖에 없습니다.

결어

지금까지 우리는 위대한 법칙인 카르마와 그 작용 원리에 대해 개략적으로 살펴보았습니다. 이 법칙을 이해하면, 인간은 자신의 진화 속도를 스스로 높일 수 있습니다. 더 나아가 이 법칙을 활용함으로써 속박에서 벗어나, 자신의 인종이나 인류 전체가 진화의 길을 모두 마치기 훨씬 전에 세상의 조력자이자 구원자가 될 수도 있습니다.

이 법칙의 진리에 대한 깊고 확고한 확신은 우리 삶에 흔들리지 않는 평온함과 완전한 두려움 없음, 즉 진정한 담대함을 가져다줍니다. 우리가 짓지 않은 행위는 우리에게 영향을 미칠 수 없으며, 우리가 자초하지 않은 고통은 우리를 해칠 수 없습니다.

우리가 뿌린 것은 반드시 열매를 맺고, 그 수확은 제때 이루어집니다. 고통스러운 결과라 해도, 그것을 피하려 하거나 한탄하는 것은 무의미합니다. 어차피 피할 수 없는 것이라면 언젠가 반드시 마주해야 하며, 그렇다면 차라리 지금 겪어 내는 편이 낫습니다. 한 번 수확이 끝나면, 그 고통은 다시 돌아와 우리를 괴롭히지 못할 것입니다.

그렇기에 고통스러운 카르마일지라도 기꺼운 마음으로 마주하는 것이 좋습니다. 그것은 끝내야 할 일이자, 끝낼 수 있는 일입니다. 고통을 앞에 두는 것보다, 그것을 지나온 뒤로 두는 편이 낫습니다. 그리고 모든 빚을 갚고 나면, 앞으로 갚아야 할 것이 그만큼 줄어듭니다.

만약 세상이 이 법칙에 근거할 때 어떤 힘이 생기는지를 알고, 그 힘을 실제로 느낄 수 있다면 얼마나 좋을까요. 안타깝게도, 서구 세계의 대부분은 이 법칙을 단지 허상으로 여깁니다. 심지어 신지학자들 중에서도 카르마에 대한 믿음은 실제 삶을 비추는 살아 있는 확신이라기보다는, 머리로만 동의하는 관념에 머무는 경우가 많습니다.

베인(Bain) 교수는 "믿음의 힘은 그것이 인간의 행동에 미치는 영향으로 측정된다"라고 말했습니다. 그런 의미에서, 카르마에 대한 진정한 믿음은 삶을 더욱 순수하고 강하며, 고요하고 기쁘게 만들어야 합니다.

우리를 방해할 수 있는 것은 오직 우리 자신의 행위뿐이며, 우리를 속박할 수 있는 것도 오직 우리 자신의 의지뿐입니다. 인간이 이 진리를 깨닫는 순간, 인간들의 해방의 시간이 시작됩니다. <u>지혜로 힘을 얻고 그 힘과 지혜를 사랑으로 사용하는 영혼을 우주는 결코 노예로 만들 수 없습니다.</u>

2부
카르마 연구

카르마
- 에드윈 아놀드 경의 『아시아의 빛』에서 발췌

카르마는 분노나 용서를 알지 못하며,
오직 진실로 그 척도를 재고, 흠 없는 저울로 무게를 단다.
시간은 아무것도 아니니, 내일이든 오랜 훗날이든 반드시 심판한다.
이로써 살인자의 칼은 자신을 찔렀고, 부당한 판사는 자신의 옹호자를 잃었다.
거짓된 혀는 그 거짓을 단죄하며, 숨어든 도둑과 약탈자는 되돌려주기 위해 빼앗는다.
이것이 바로 의로움으로 이끄는 법칙이니, 그 누구도 결국에는 피하거나 멈출 수 없다.
그 본질은 사랑이요, 그 끝은 평화와 달콤한 완성이다. 그러니, 순종하라!

서론, 카르마의 과학

서구 세계에 신지학회가 전해 준 많은 빛나는 선물들 가운데, 카르마에 대한 지식은 아마도 윤회에 대한 지식 다음으로 중요한 것일 수 있습니다. 카르마는 인간의 생각과 욕망을 임의적 사건의 영역에서 법칙의 영역으로 옮겨 놓습니다. 이를 통해 인간은 자신이 가진 지식의 양에 비례하여 자신의 미래를 스스로 통제할 수 있게 됩니다.

카르마의 중심 개념인 "사람은 뿌린 대로 거둔다"라는 이해하기 어렵지 않습니다. 그러나 이 개념을 일상생활 속에 구체적으로 적용하는 일, 즉 그것이 작동하는 방식과 그로부터 파생되는 광범위한 결과를 이해하는 일은, 학생이 지식을 쌓을수록 점점 더 혼란스럽고 어렵게 느껴집니다.

자연과학의 원리들은 일반적으로 평균 이상의 지성과 보통 수준의 교육을 받은 사람이라면 충분히 이해할 수 있습니다. 하지만 원리에서 실제 적용으로, 개요에서 세부로 나아갈수록 학생은 다양한 난제에 부딪히게 되며, 자신의 주제를 완전히 체득하기 위해서는 결국 그 분야의 전문가가 되어야 하며, 직면한 복잡한 매듭들을 풀어내기 위해 장기간에 걸쳐 몰두해야 한다는 사실을 깨닫게 됩니다.

카르마라는 과학도 마찬가지입니다. 학생은 언제까지나 일반적인 수준에만 머물 수 없습니다. 학생은 이 근본 법칙의 하위 분류들을 연구해야 하며, 삶의 모든 상황 속에서 이 법칙을 어떻게 적용할 수 있을지를 모색해야 합니다. 또한 이 법칙이 어디까지 인간을 구속하는지, 그리고 어떤 방식으로 자유가 가능한지를 배워야 합니다. 학생들은 카르마가 보편적인 자연법칙임을 인식해야 하며, 자연 전체를 마주할 때와 마찬가지로, 자연을 정복하고 지배하기 위해서는 그 법칙에 순응함으로써만 가능하다는 것도 배워야 합니다.

"자연은 복종함으로써 정복된다."

1. 자연법칙으로서의 카르마

1) 운명을 다루는 지식

카르마를 올바로 이해하려면, 학생은 먼저 몇 가지 근본 원리들을 명확히 인식하는 것에서 출발해야 합니다. 이러한 원리를 제대로 이해하지 못하면, 끝없는 의문에 사로잡히게 되고, 이 기초가 제대로 다져지지 않으면 충분한 해답에 도달할 수 없습니다. 그래서 이 연구에서는 먼저 이 기본 원리들부터 다루고자 합니다. 물론 이 글의 많은 독자들은 저나 다른 사람들의 이전 설명을 통해 이미 어느 정도 익숙할 수 있습니다.

카르마에 대한 모든 올바른 이해는 다음과 같은 핵심 개념에 궁극적으로 기반을 둡니다. 카르마는 하나의 법칙입니다. 이 법칙은 영원하고, 변치 않으며, 불변하고, 침해할 수 없어서, 결코 깨뜨릴 수 없고, 사물의 본성 속에 내재되어 있습니다.

신지학에 정통한 이들은 종종 말합니다. "그 사람의 카르마를 방해해서는 안 됩니다." 그러나 실제로는, 자연법칙이 작동하는 한, 우리는 그 범위 안에서 카르마의 법칙을 방해하거나 조절할 수 있습니다. 예를 들어, 누군가가 "중력의 법칙을 방해해서는 안 됩니다"라고 엄

숙하게 말하는 것을 들어 본 적이 있을까요? 중력은 우리가 고려해야 할 조건 중 하나이며, 우리는 중력으로 인해 무언가가 땅에 떨어지는 것을 방지하기 위해 받침대를 세우거나, 다른 힘을 작용시킴으로써 그 불편을 상쇄할 수 있습니다. 이런 조치는 자유롭게 취할 수 있는 것입니다.

 자연 속 어떤 조건이 우리를 불편하게 할 때, 우리는 지성을 활용해 그것을 피하거나 대응할 방법을 찾습니다. 누구도 우리에게 "그 조건을 바꾸거나 방해해서는 안 된다"라고 충고하지는 않습니다. 다만 우리가 방해할 수 있는 범위는 우리의 지식에 따라 달라집니다. 우리는 어떤 자연의 힘도 제거할 수는 없고, 그것의 작용 자체를 막을 수도 없습니다. 하지만 만약 우리가 충분한 힘을 사용할 수 있다면, 그 작용을 중화하거나 우회시킬 수 있습니다. 저는 그 법칙이 작동하는 강도를 조금도 줄이지 않겠지만, 그 법칙은 우리가 그 본성과 작동 방식, 그리고 우리가 활용 가능한 힘들에 대해 얼마나 알고 있는가에 따라 얼마든지 저지되거나, 반대되거나, 우회될 수 있습니다.

 카르마는 다른 어떤 자연법칙보다 더 '신성한' 것이 아닙니다. 모든 자연법칙은 신성한 본성의 표현이며, 우리는 이 법칙들 속에서 살아가고 움직입니다. 그러나 이 법칙들은 우리에게 명령하는 힘이 아니라, 우리가 살아가는 환경과 조건을 구성하는 힘들의 집합입니다. 그것들은 우리 외부뿐 아니라 내부에서도 작용하며, 우리는 그것들을 이해하고, 다룰 수 있으며, 심지어 조작할 수도 있습니다. 그리고 우리 지성이 더욱 깨어날수록, 우리는 이 법칙들을 점점 더 잘 다루게 되며, 마침내 인간이 초인(超人)이 되어, 물질적 자연이 그의 하인이 되는 단계에 이르게 됩니다.

2) 우주의 법과 인간의 법

이 문제에 대해 많은 혼란이 있었던 이유는, 서구에서 이른바 '우주 법칙'이 정신적·도덕적 법칙과 분리된 것으로 간주되어 왔기 때문입니다. 그러나 정신적·도덕적 법칙 또한 전기 법칙만큼이나 우주 법칙의 일부이며, 모든 법칙은 자연의 질서에 속합니다.

많은 사람들은 우주의 근본 법칙을 인간이 만든 법과 혼동하는 경향이 있습니다. 그 결과, 언제든 바뀔 수 있는 인간 법의 자의적인 속성을, 절대적인 우주 법칙에도 적용하여 생각하게 되었습니다. 물리 세계의 법칙은 과학의 발전 덕분에 이러한 임의적인 해석에서 벗어날 수 있었지만, 인간의 정신적, 도덕적 세계는 여전히 이러한 혼돈 속에서 질서를 찾지 못하고 있습니다.

우리 존재를 규정하는 것은 어떤 신의 명령이 아니라, 신성한 본성의 내재성입니다. 예언자들이 도덕 법칙을 제시했을 때, 그것은 그들에게는 자명했지만, 무지한 대중에게는 알려지지 않은 도덕적 세계의 필연적인 연속성에 대한 선언이었습니다. 그러나 청중들은 그들의 무지 때문에, 이러한 선언을 신성한 입법자가 예언자를 통해 내린 제멋대로의 명령으로 오해하였고, 물리적 세계만큼이나 질서정연한 도덕 세계의 인과적 연속성에 대한 단순한 사실 진술로 받아들이지 않았던 것입니다.

사회적 의미에서의 '법칙'은 보통 정당한 권위에 의해 제정된 규범을 뜻합니다. 그것은 독재자의 칙령일 수도 있고, 입법 기관의 결의일 수도 있습니다. 어떤 경우든, 법의 효력은 그것을 제정한 권위가 사회적으로 인정받고 있는가에 달려 있습니다.

힌두교 전통에서는 인간이 만든 법과 우주 법칙이라는 두 개념이 모두 존재합니다. 『마누 법전』에 나타난 왕의 개념에서 왕은 절대권력을 지닌 자이며, 백성은 그에게 복종해야 합니다. 그러나 그 왕 위에는 그 자신도 복종해야 하는 더 높은 법이 존재합니다. 이 법은 외부에서 강제되는 것이 아니라 사물의 본성 속에서 자동적으로 작동하는 법칙입니다. 왕이 아무리 절대적 권한을 가지고 있다 하더라도, 그는 이 궁극적 법에 구속되며, 이를 무시할 경우 그 법은 반드시 그를 짓밟게 될 것입니다. 이와 관련해서 예로부터 "억눌린 약자는 왕에게 가장 치명적인 적이다. 약자의 눈물은 왕좌의 기반을 무너뜨리고, 국민의 고통은 통치자를 파멸시킨다"라고 전해져 왔습니다.

물질계와 초물질계는 서로 침투하고 있으며, 한쪽에서 발생한 원인은 다른 쪽에서 결과를 낳습니다. 고대 인도에서 왕과 그의 신하들이 만든 국법은 사람이 정한 법이었으며, 이는 우주 법칙과는 본질적으로 다릅니다. 이러한 법은 백성에게 구속력을 지녔고, 위반 시 처벌을 동반했지만, 그 특성에 있어 우주 법칙과는 전혀 같지 않았습니다.

3) 벌이 아닌 결과로서의 연속성

우주 법칙과 인간이 정한 법처럼 근본적으로 다른 두 사물에 하나의 단어('법')가 사용되는 것은 유감스러운 일이지만, 이 둘은 그 특성에 의해 명확히 구분할 수 있습니다. 사람이 정한 법은 변경 가능합니다. 그것을 만든 사람들에 의해 언제든지 바뀌거나 폐지될 수 있습니다. 반면, 우주 법칙은 변하지 않으며, 결코 수정되거나 폐기될 수 없습니다. 그것은 사물의 본성 속에 존재합니다. 또한, 사람이 정한 법은 지역적인 반면, 우주 법칙은 시공간을 초월하여 어디에나 적용됩니다. 예를 들어, 어느 나라에서든 '도둑질'에 대한 처벌은 그 사회의 입법자에 따라 달라질 수 있습니다. 어떤 곳에서는 손을 자르기도 하고, 어떤 곳에서는 감옥에 보내며, 또 어떤 경우에는 교수형을 내리기도 합니다. 더구나 이러한 처벌은 범죄가 발각되었을 경우에만 실행됩니다. 이렇듯 가변적이고 사람이 정한 것이며 피할 수 있는 처벌은 그것이 인과적 결과가 아니라는 것을 보여 줍니다.

반대로, 우주 법칙에는 '처벌'이라는 개념이 없습니다. 다만 하나의 조건이 존재하면, 그에 필연적으로 다른 조건이 뒤따릅니다. 예를 들어, 어떤 사람이 도둑질을 한다면, 그의 성품은 더욱 도둑질 쪽으로 기울고, 부정직한 성향은 강화되며, 정직해지기는 더 어려워집니다. 이러한 결과는 모든 경우에, 모든 나라에서 동일하게 작용하며, 그 행위에 대해 주변인이 알고 있느냐 모르느냐는 결과에 아무런 영향을 미치지 않습니다.

이처럼 지역적이고 가변적이며 회피 가능한 처벌은 사람이 정한 법의 특징입니다. 반면에, 우주 법칙은 조건의 연속입니다. 어떤 특정 조건이 존재하면, 그에 대응하는 조건이 필연적으로 따라옵니다. 이를테면, 우리가 어떤 결과(조건 3)를 원한다면, 그에 앞서 반드시 조건 1과 조건 2를 만들거나 찾아야 하며, 그렇게 하면 결과는 필연적으로 발생합니다. 이러한 연속성은 외부 간섭이 없는 한 절대 변하지 않으며, 새로운 조건이 개입되면 뒤따르는 결과는 당연히 달라집니다. 예를 들어, 물은 중력의 힘에 따라 경사진 수로를 따라 흐릅니다. 위에서 물을 부으면, 당연히 아래로 흘러갑니다. 하지만 그 흐름을 장애물을 놓아 막을 수 있으며, 이 장애물은 중력에 대한 저항력으로 흐름을 멈추게 합니다. 그러나 중력은 여전히 작용하고 있으며, 그 압력은 장애물 위에 그대로 가해지고 있습니다.

우리는 최초의 조건을 '원인', 그에 뒤따르는 조건을 '결과'라 부르며, 다른 원인이 개입되지 않는 한, 같은 원인은 항상 같은 결과를 낳습니다. 만약 새로운 원인이 도입된다면, 그 결과는 두 원인의 합력(합성 결과)으로 나타납니다.

4) 존재의 법칙, 카르마

카르마는 그 용어가 가진 완전한 의미에서의 자연법칙입니다. 그것은 우주 전체를 관통하는 인과율, 즉 '원인과 결과의 법칙'입니다. 또한 모든 개별 법칙과 모든 원인 및 결과의 근본 바탕이 된다고 할 수 있습니다.

카르마는 모든 측면과 모든 하위 구분을 아우르는 자연법칙 그 자체입니다. 이는 특정 분야에 국한된 법칙이 아니라, 다른 모든 법칙이 의존하는 단 하나의 근원적인 법칙이자 우주 전체에 적용되는 조건입니다. 다른 모든 법칙들은 이 카르마의 부분적인 표현에 지나지 않습니다.

『바가바드 기타』에 따르면, 빛나는 존재들, 인간, 동물, 식물, 광물 등 육신을 지닌 존재는 그 누구도 이 우주 전체에 미치는 법칙을 벗어날 수 없으며, 이들 모두가 이 법칙 안에서 진화하고 있습니다.

심지어 이 우주 안에 스스로를 현현하신 로고스조차도, 이 모든 현상 세계를 아우르는 더 거대한 법칙의 흐름 아래에 있습니다. 어떤 존재든 물질과 관계를 맺고 물질 안에 육화(embodied)되어 있는 한, 그는 카르마 법칙의 지배를 받게 됩니다.

어떤 존재는 이 법칙의 한두 가지 측면을 벗어나거나 초월할 수는 있을지 모릅니다. 그러나 물질계에 구속된 상태로 남아 있는 동안에는, 이 법칙의 영향권 밖으로 결코 나아갈 수 없습니다.

2. 존재의 동시성과 우주적 상호 연결

1) 영원한 현재와 시간 속 인과율

우주 전체에 적용되는 이 인과율의 법칙은, 현현한 세계 안에서 일어나는 모든 것을 하나로 묶어 줍니다. 왜냐하면 이 법칙 자체가 바로 우주 만물의 상호 관련성이기 때문입니다. 존재하는 모든 것 사이의 상호 관련성, 바로 그것이 카르마입니다. 그러므로 카르마는 특정 우주가 생겨나는 바로 그 순간과 동시에 존재합니다. 따라서 카르마는 우주 자아[25]처럼 영원합니다. 모든 것의 상호 관련성은 언제나 존재하며, 시작된 적도 없고 멈추는 법도 없습니다.

"실재하지 않는 것은 존재할 수 없고, 실재하는 것은 결코 사라지지 않는다."

어떤 것도 분리되어 존재하지 않으며, 카르마란 존재하는 모든 것들 사이의 상호 연결 그 자체입니다. 이러한 카르마는 우주가 드러나는 동안에는 현실적으로 나타나며, 우주가 해체될 때에는 잠재된 상태로 되돌아갑니다.

---

25 우주 자아(Universal Self): 개별 자아를 초월한, 모든 존재의 근원으로서의 절대적 자아. 신지학에서 '브라만' 또는 '유일자(the One)'에 해당함.

'만유(the All)' 안에서는 모든 것이 항상 존재합니다. 과거에 있었던 모든 것, 지금 드러나 있는 모든 것, 앞으로 있을 모든 것, 존재할 수 있는 모든 가능성과 현실성은 모두 '만유' 안에 영원히 존재합니다. 밖으로 드러난 것, 즉 외부로 펼쳐진 존재는 드러난 우주이며, 안쪽에 감추어진, 아직 펼쳐지지 않은 것은 드러나지 않은 우주입니다. 그러나 이 드러나지 않은 세계 또한 동일하게 실재하며, 단지 표현되지 않았을 뿐입니다.

드러났든, 드러나지 않았든, 존재하는 모든 것들 사이의 연관성은 바로 영원한 카르마입니다. 존재(Being)는 결코 소멸되지 않으며, 그와 같이 카르마도 결코 사라지지 않고 언제나 존재합니다. '만유' 안에 동시에 존재하는 것들 가운데 일부가 하나의 우주로 드러날 때, 영원한 상호 연관성은 시간 속의 연속성으로 나타나며, 우리는 이를 원인과 결과로 인식하게 됩니다.

유일한 존재인 '만유' 안에서는, 모든 것이 모든 것과 연결되어 있고, 모든 것이 서로 관계되어 있습니다. 그러나 이러한 연결과 관계는 현상계인 우주 안에서는 시간의 순서에 따라, 즉 인과적 연속의 흐름으로 펼쳐지며, 우리는 그것을 겉으로 드러나는 사건들의 흐름으로 받아들이게 됩니다.

어떤 학생들은 이와 같은 형이상학적 관점을 꺼릴지도 모릅니다.

하지만 모든 존재가 그 안에 영원히 실재한다는 이 개념을 파악하지 못한다면, 결코 문제의 핵심(중심)에 도달할 수 없습니다. 우리가 문제의 본질이 아닌 주변부(원주)에서부터 생각하는 한, 모든 해답 뒤에는 또 다른 질문이 따르고, 모든 시작의 배후에는 '왜?'라는 물음이 따라붙는 끝없는 순환에 갇히게 됩니다.

이러한 혼란에서 벗어나고자 한다면, 학생은 인내심을 가지고 그 중심을 추구해야 합니다. 그리고 '만유(All)'라는 개념이 자신의 정신적 사고 체계에 항상 존재하는 일부가 될 때까지 마음에 깊이 스며들도록 해야 합니다. 그렇게 되면 주변부(원주)에 존재하는 우주들을 비로소 이해할 수 있게 됩니다. 또한 중심의 관점에서 본 만물의 동시적이고 보편적인 상호 관계가, 어째서 주변부의 연속적인 시공간 속에서는 원인과 결과의 법칙으로 나타나는지를 자연스럽게 깨닫게 될 것입니다.

2) 존재의 일체성에서 작용하는 법칙

힌두 철학에서는 영원한 존재(Being)를 '브라흐만(Brahman)', 더 정확히는 속성이 없는 브라흐만(Nirguna Brahman)이라고 부릅니다. 이 영원한 존재는 우주를 파도처럼 솟아오르게 하는 바다로 비유됩니다. 그 바다는 형태 없는, 항상 동일한 존재를 상징하며, 그 위에서 일어나는 파도는 부분적 존재로서 형태와 속성을 갖게 된 것을 의미합니다. 파도는 일어나고, 부서지고, 거품이 되어 흩어집니다. 그리고 이 거품은 곧 우주 안의 수많은 세계들을 뜻합니다.

또는 거대한 나이아가라 폭포를 생각해 볼 수도 있습니다. 물이 떨어지기 전에는 하나의 거대한 흐름이지만, 떨어지면서 수많은 물방울들로 흩어지고, 이 각각의 방울은 저마다 빛을 반사합니다. 그 물방울들은 각각의 세계이고, 그 물방울들이 만들어 내는 무지개는 다채로운 생명입니다. 그러나 방울이 아무리 많아도 물은 하나이며, 존재가 아무리 많아도 생명은 하나입니다. 신(神)이 드러났든 드러나지 않았든, 동일한 존재입니다. 드러난 상태에서 속성을 드러내고, 드러나지 않은 상태에서는 속성이 감추어진다 하더라도, 본질은 동일합니다.

로고스(Logos)와 그의 우주는 본질적으로 하나입니다. 로고스는 통일성이고, 우주는 다양성이며, 로고스는 생명이고, 우주는 형태입니다. 드러난 세계 밖에서는 카르마가 잠재 상태로 존재합니다. 왜냐하면 드러난 존재들은 드러나지 않은 상태에서는 단지 개념으로만 존재하기 때문입니다. 하지만 드러난 세계가 시작되면, 카르마는 즉시 활동적으로 작용합니다. 왜냐하면 하나의 세계, 하나의 체계, 하나의 우주 속 모든 구성 요소들이 서로 연관되어 있기 때문입니다.

과학은 "전체에 영향을 미치지 않고는 어떤 부분도 움직일 수 없다"라고 선언하며, 이는 과학계에서 모두가 동의하는 바입니다. 이러한 상호 관련성은 우주 전체에 예외 없이 적용되기에 결코 깨어질 수 없습니다. 만약 단 하나의 연결 고리라도 끊어진다면, 전체의 통일성 자체가 무너지기 때문입니다. 자연법칙이 침해될 수 없는 이유는 바로 그 법칙이 이처럼 우주 전체에 적용된다는 사실에 근거합니다. 따라서 어느 한 부분에서라도 법칙이 깨진다면, 이는 곧 우주 전체의 혼돈을 의미할 것입니다.

3) 시간 속 인과관계의 펼쳐짐

우주의 드러남이 곧 현상들의 연속적인 나타남을 의미하므로, 우주 전체의 상호 관련성은 원인과 결과의 연속으로 나타난다는 것을 우리는 이미 살펴보았습니다. 그러나 각각의 결과는 다시 원인이 되어 끝없이 이어지며, 원인과 결과의 차이는 본질적인 것이 아니라 관계에 따른 상대적인 구분일 뿐입니다.

영원한 존재(Being)의 사유 안에 존재하는 모든 상호 연결은, 우주가 드러나면서 현상들 간의 인과적 연관으로 구체화됩니다. 우주가 나타나기 이전에도, 영원한 존재 안에는 그 우주와 그 안에서 일어날 상호 관계들에 대한 생각이 이미 잠재되어 있습니다. 영원한 지금(The Eternal Now)인 시간과 공간의 제약을 초월한 상태 안에 동시적으로 존재하는 모든 것들은, 시간과 공간 안으로 들어오면서 차례로 드러나는 연속적 현상이 됩니다.

우주가 현상들로 구성되었다고 여기는 한, 우리는 그것들을 차례로 하나씩, 시간의 흐름 속에서 생각할 수밖에 없습니다. 그러나 영원한 존재의 의식 안에서는, 그러한 현상들이 항상 존재하며, 연속성이라는 제약은 적용되지 않습니다.

우리가 사는 이 세계 안에서도, 서로 다른 차원의 시간 감각을 통해 물질의 조밀함에 따른 인식의 차이를 엿볼 수 있습니다. 모차르트는 하나의 악곡 전체를 단일한 인상으로 느끼는 의식 상태를 언급한 바 있습니다. 비록 깨어 있는 일상적 의식으로는 음 하나하나가 연속적으로 흘러가는 구조로만 표현할 수 있었지만, 그 전체 인상은 본래 하나의 통합된 경험이었습니다.

또는 한 폭의 그림을 생각해 봅시다. 우리는 그림 전체를 보고 전쟁, 풍경 같은 통합된 정신적 인상을 받습니다. 그러나 그림 위를 기어가는 개미는 전체를 보지 못하고, 지나온 부분만의 단편적인 연속적 이미지를 경험할 것입니다.

이러한 비유와 유추는, 로고스(Logos)가 인식하는 우주와 인간이 인식하는 우주 간의 차이를 이해하는 데에 도움을 줍니다. 로고스에게는 우주 전체가 단일한 통합된 인상으로 주어집니다. 반면 우리에게 우주는 천천히 펼쳐지는 끝없는 연속으로 보입니다. 그에게 있어서는 모든 것이 동시에 연결된 '상호 관계'지만, 우리에게는 그것이 시간 속에서 하나씩 드러나는 '계기'가 되는 것입니다.

우리는 인간의 삶을 유년기, 청년기, 노년기처럼 연속적인 시간 단위로 이해하며, 날마다, 해마다 삶을 파악합니다. 전체적인 동시성과 보편적 연결은, 마치 개미가 그림 위를 지나가듯, 우리를 통해서는 분절된 시간 속 사건들의 흐름으로 바뀌어 인식되는 것입니다.

마을을 내려다볼 수 있는 산 위에 올라가 보면, 집들과 거리, 전체 구조가 어떻게 서로 연결되어 있는지를 한눈에 볼 수 있습니다. 그러나 마을 안으로 내려가면, 거리 하나하나를 따로따로 거쳐야만 전체를 파악할 수 있습니다.

카르마의 인과적 관계 또한 마찬가지입니다. 우리는 그것을 부분적으로, 차례대로만 인식할 수 있으며, 심지어 그렇게 연속적으로 연결된 관계조차 제대로 파악하지 못할 만큼 우리의 시야는 제한되어 있습니다.

이러한 비유들은 보이지 않는 것들을 파악하는 데 도움이 될 수 있습니다. 이 비유들은 앞으로 나아가기 힘들어하는 우리의 상상력에 지지대와 같은 역할을 해 줄 수 있습니다. 그리고 이 모든 것을 바탕으로 우리는 카르마 연구를 위한 초석을 놓게 되는 것입니다.

카르마란 만물이 서로 연결되어 있다는 우주 전체의 상호 관련성을 의미합니다. 이것이 하나의 우주 안에서 현상들이 순차적으로 나타나는, 즉 우주가 생성되어 펼쳐지는 과정에서는 인과율의 법칙으로 드러나는 것입니다.

4) 인과율의 본질과 영원한 근원

인과율이라는 개념은 근대에 이르러 비판적인 의심의 대상이 되었습니다. 예컨대 헉슬리는 『컨템포러리 리뷰』에서, 우리가 실제로 알고 있는 것은 단지 '연속성'일 뿐이며, '인과관계'는 알 수 없다고 주장했습니다. 그는 야구공이 방망이에 맞은 다음 움직였다면, 그것은 단순히 움직임이 뒤따른 것일 뿐이며, 방망이의 타격이 그 움직임을 '야기했다'고 말해서는 안 된다고 했습니다.

이러한 극단적 회의주의는 19세기 일부 사상가들 사이에서 두드러졌습니다. 그 배경에는 중세의 맹신과 입증되지 않은 수많은 가정들에 대한 반작용이 있었습니다. 이 반작용은 일정 부분 유익했지만, 극단은 항상 한계를 드러내며, 오늘날에는 그 극단성이 점차 사라져 가고 있습니다.

인과율에 대한 개념은 감각으로는 입증되지 않지만, 인간의 이성 안에서는 자연스럽게 생겨나는 생각입니다. 어떤 현상이 오랜 시간 동안 항상 다른 현상 뒤를 이어 발생하면, 우리 마음은 그 둘 사이에 연결 고리를 형성하고, 하나가 나타나면 자동적으로 다음 현상을 기대하게 됩니다. 예를 들어, 아주 오래전부터 밤이 낮을 뒤따랐다는 경험은 내일도 어김없이 해가 뜰 것이라는 확신을 우리에게 줍니다. 하지만 단순한 연속성만으로는 인과관계라고 말할 수 없습니다. 우리는 낮이 밤의 원인이라거나, 밤이 낮의 원인이라고 생각하지 않습니다. 단지 서로 뒤따를 뿐이기 때문입니다.

참된 인과율을 말하려면, 단순히 반복되는 순서 이상의 무언가가 필요합니다. 그것은 감각이 아니라 이성이 파악해야 할 관계, 즉 어떤 현상이 다른 현상을 반드시 야기하는 능동적 관계입니다. 예를 들어, 밤과 낮은 각각 스스로 원인이 아닙니다. 이들은 지구와 태양의 관계라는 보다 깊은 원인에 의해 함께 발생합니다. 이 관계는 감각이 아니라 이성이 파악하는 본질적인 원인입니다. 그 관계가 지속되는 한, 밤과 낮의 교대는 필연적으로 계속될 것입니다.

한 현상을 다른 현상의 원인으로 보려면, 이성이 그들 사이에 실제로 어떤 하나가 다른 하나를 낳는 충분한 관계가 있다는 것을 인식해야 합니다. 그때에야 우리는 인과율이 성립했다고 정당하게 말할 수 있습니다. 우리가 '인과율'이라 부르는 것은, 두 현상 사이에 존재하는 끊어지지 않는 연속성, 즉 하나가 나타날 때마다 다른 하나가 필연적으로 나타나게 하는, 능동적 관계에 대한 이성의 인식입니다.

이런 인과관계는 단지 현상계에만 속하는 것이 아니라, 시간과 공간을 초월한 영원한 존재(the Eternal) 안에 있는 상호 관계의 그림자입니다. 그리고 이러한 관계는, 세계가 나타나 펼쳐지는 조건이 존재하는 한, 우주 전체에 걸쳐 확장되고 작용합니다.

인과율이란 로고스(LOGOS)의 본성이 드러난 것이며, 영원한 실재로부터 비롯된 하나의 표현(Emanation)입니다. 시간 속에서 드러나기 위해 '연속성'을 필요로 하는 상호 관련성이 저 영원불변의 근원 안에 존재할 때마다, 그곳에 바로 인과율이 존재하게 됩니다.

3. 불변의 법칙에서 무한 가능성으로

1) 우주 법칙에 대한 새로운 성찰

우주적 법칙이라는 개념을 탐구하기 위해, 우리는 먼저 과학의 역사에서 유사한 지적 여정을 살펴볼 수 있습니다. 19세기와 20세기 초 과학계는 에너지 보존과 물질 불멸의 법칙을 절대적인 진리로 간주했습니다. 당시의 관점에 따르면, 우주에는 결코 증가하거나 감소하지 않는 고정된 에너지 총량이 존재하며, 우리가 관찰하는 모든 힘은 단지 이 근원적 에너지의 다양한 표현에 불과했습니다. 예를 들어, 열의 양은 변할 수 있어도 에너지 총량 자체는 항상 일정하게 유지된다고 보았습니다. 이는 숫자 10이 10개의 1, 5개의 2, 혹은 6과 4의 합 등 다양한 조합으로 표현될 수는 있어도 그 총합은 변하지 않는다는 원리와 같습니다. 에너지와 물질 역시 이와 마찬가지로, 그 형태는 변할지언정 총량은 불변한다고 여겨졌습니다.

물질에 대해서도 비슷한 주장이 제기되었습니다. 즉, 물질은 파괴될 수 없으므로 그 총량은 영원히 동일하게 유지된다는 것이었습니다. 루트비히 뷔히너와 같은 유물론자들은 화학 원소는 파괴되지 않으며, "탄소 원자는 영원히 탄소 원자"라고 단언하기까지 했습니다. 과거의 과학과 유물론은 바로 이 두 가지 개념, 즉 에너지 보존과 물질 불멸이라는 기둥 위에 세워져 있었습니다.

그러나 과학의 지평이 넓어지면서, 한때 절대적이라 여겨졌던 이 법칙들에 대한 이해는 더욱 정교하고 복잡하게 진화했습니다. 이제 우리는 화학 원소도 분해될 수 있으며, 원자 자체가 에테르의 소용돌이이거나 혹은 에테르가 존재하지 않는 단순한 구멍일 수 있다는 점까지 인식하게 되었습니다. 심지어 어떤 원자들은 그 출처와 행방을 알 수 없는 채로 에너지를 받아들이거나 방출할 수도 있다는 사실이 밝혀졌습니다. 이러한 발견은 물질이 형태를 잃고 근원적인 에너지(혹은 에테르)로 돌아갈 수 있으며, 역으로 그 에너지로부터 새로운 물질이 탄생할 수도 있다는 혁명적인 가능성을 시사합니다.

이처럼, 한때 확실하다고 여겨졌던 거의 모든 것이 이제는 더 깊은 탐구와 의심의 대상이 되었습니다. 이는 우주 법칙이 변덕스럽거나 존재하지 않음을 의미하는 것이 아닙니다. 오히려 이는 우주가 그 자체의 "넘을 수 없는 경계"를 가지고 있으며, 우리의 이해가 그 심오한 질서의 표면에 이제 막 도달하기 시작했음을 보여 줍니다. 과학자들이 관찰 가능한 한계를 넘어설수록 더욱 신중해지는 이유는 바로 이 때문입니다. 우리가 관측할 수 있는 영역 안에서는 연속적인 원인과 결과가 명확히 드러나지만, 우리 시대에 아직 알려지지 않았거나 접근할 수 없는 미지의 영역에서는, 어떤 결과가 예기치 못한 원인에 의해 갑자기 중단되거나 달라질 수 있습니다. 따라서 우리는 주어진 지식의 한계 내에서만 우주 법칙에 대해 명확히 말할 수 있으며, 우리의 이해는 항상 더 깊은 진리를 향해 열려 있어야 합니다.

2) 자유의 도구인 카르마

그렇다면 이 우주 법칙, 특히 카르마라 불리는 법칙의 본질은 무엇일까요? 많은 오해는 이 법칙을 일종의 도덕적 명령이나 운명적 속박으로 여기는 데서 비롯됩니다. 예를 들어, J. N. 파쿼하르 씨는 1917년 한 글에서 힌두교인들이 사회 개혁을 이루려면 카르마 개념부터 버려야 한다고 주장했습니다. 그러나 이러한 주장은 사람이 하늘을 날고 싶다면 대기권이라는 개념부터 버려야 한다고 말하는 것과 같이, 법칙의 본질을 근본적으로 오해한 것입니다. 카르마 법칙을 이해하는 것은 행동을 포기하는 것이 아니라, 오히려 행동이 가장 효과적으로 이루어질 수 있는 조건을 이해하는 것입니다.

이 지점에서 우리는 카르마 철학의 가장 핵심적인 명제를 마주하게 됩니다. 바로 "우주 법칙은 명령이 아니라 '조건에 대한 설명'이다." 이 점은 아무리 반복하고 강조해도 지나치지 않습니다. 자연은 우리에게 이것 혹은 저것을 하라고 명령하지 않습니다. 자연은 그저 "여기에 이러이러한 조건들이 있다. 이 조건들이 있는 곳에서는, 이러이러한 결과가 반드시 뒤따를 것이다"라고 선언할 뿐입니다. 이 패러다임의 전환은 카르마를 숙명론적 족쇄에서 해방의 도구로 바꾸어

놓습니다. 이 원리를 이해하기 위해 두 가지 구체적인 과학적 예를 살펴볼 수 있습니다.

* **물의 끓는점**: 물은 해수면과 같은 정상 기압에서 섭씨 100도에서 끓습니다. 하지만 높은 산에 오르면 기압이 낮아져 섭씨 80도에서도 끓게 됩니다. 이 온도에서는 좋은 차를 우리기 어렵습니다. 그렇다면 자연이 산 위에서 차를 마시는 것을 '금지'한 것일까요? 결코 아닙니다. 단지 조건(기압)이 달라졌을 뿐입니다. 이 법칙을 이해하는 사람은 절망하는 대신 새로운 조건을 도입합니다. 즉, 주전자의 뚜껑을 닫아 증기가 빠져나가지 않도록 가두면, 내부 압력이 높아져 결국 섭씨 100도의 물을 얻을 수 있습니다. 그는 법칙을 위반한 것이 아니라, 법칙을 이해하고 활용하여 원하는 결과를 창조한 것입니다.

* **물의 화학적 합성**: 수소와 산소를 결합해 물(H_2O)을 만들고 싶다면, 특정 온도와 전기적 자극(스파크)이라는 조건이 필요합니다. 만약 우리가 온도를 0도로 유지하거나 수소 대신 질소를 고집한다면, 물은 결코 생겨나지 않을 것입니다. 자연은 물을 생성하기 위한 조건을 이미 설정해 두었으며, 우리는 그것을 변경하거나 거부할 수 없습니다. 자연은 우리에게 물을 제공하지도, 거부하지도 않습니다. 단지, 조건이 갖춰지면 물은 필연적으로 생겨나고, 조건이 없다면 물은 결코 생기지 않습니다.

이것이 바로 자연의 방식이며, 카르마 법칙이 작동하는 방식입니다. 우주 법칙이란 이처럼 변하지 않는 연속적인 인과 과정입니다. 만약 당신이 어떤 결과가 마음에 들지 않는다면, 그 결과에 앞서는 조건들을 바꾸면 됩니다. 이 철학을 온전히 이해하는 것이 곧, 카르마의 본질을 꿰뚫어 보고 "나는 구속된 존재인가, 자유로운 존재인가?"라는 질문에 대한 답을 찾는 길입니다.

3) 법칙의 불가침성

만약 우주의 법칙이 불변하고 절대적이라면, 인간에게 자유의지가 설 자리가 있는가? 이는 오랫동안 철학적 논쟁의 중심에 있었던 질문입니다. 그러나 카르마의 원리를 깊이 들여다보면, 법칙의 '불가침성'이야말로 인간의 자유와 모든 의미 있는 노력을 가능하게 하는 근본적인 전제 조건임을 알게 됩니다.

만약 우주가 무질서하고 법칙이 없는 곳이라면 어떻게 될지 상상해 보십시오. 한 실험실에서 질소가 어떤 날에는 안정적으로 반응하다가, 다른 날에는 예고 없이 폭발을 일으킨다면, 또 산소가 오늘은 생명을 주다가 내일은 질식을 시킨다면, 그 어떤 과학도, 합리적 행동도 불가능할 것입니다. 모든 노력은 헛되며, 이성은 무력해질 것입니다. 우리는 헤아릴 수 없고 두려운 변덕스러운 힘 앞에서 무기력하게 떠는 야만인처럼 살게 될 것입니다.

바로 이 지점에서 과학은 인류에게 위대한 교훈을 줍니다. 종교는 오랜 세월 동안 이 진리를 가르쳐 왔지만, 대부분 이성적 근거 없이 교리적으로만 전달되었습니다. 반면 과학은 지식이 곧 자유의 조건이며, 인간은 이해할 때에만 자연을 지배할 수 있다는 것을 실증적으로 보여 줍니다. 과학자는 현상의 연속성을 면밀히 관찰하고, 실험을 반복하여 그 안에 존재하는 우연적이거나 관련 없는 요소들을 제거하고, 점차적으로 변하지 않는 인과적 관계, 즉 법칙을 찾아냅니다. 그리고 그 사실에 대한 확신이 생기면, 그 과학자는 의심 없는 신뢰를 가지고 행동하며, 자연은 늘 한결같이 그의 이성적 확신에 성공으로 응답합니다.

이러한 신뢰에서 '탐구자의 숭고한 인내심'이 자라납니다. 예컨대 식물학자 루터 버뱅크는 캘리포니아에서 수백만 개의 씨앗을 뿌리고, 수천 개의 식물을 선별하고, 수백 개를 교배하며, 오직 목표한 결과 하나를 향해 끈기 있게 나아갑니다. 그는 우주 법칙에 대한 확고한 신뢰 속에서 움직이며, 만약 실패가 있다면 그것은 법칙의 변덕이 아니라 자기 자신의 오류, 즉 조건에 대한 이해나 적용의 부족 때문임을 압니다. 이처럼 우주 법칙의 불가침성은 우리를 속박하는 감옥이 아니라, 오히려 우리의 노력을 정당화하고 과학을 가능하게 하며, 우리를 해방시키는 굳건한 토대입니다.

4) 법칙을 지배하는 지식

법칙의 불가침성이 자유의 기반이라면, 그 자유를 실현하는 열쇠는 바로 '지식'입니다. 무지하면, 자연은 당신을 압도하는 거대한 힘으로 다가옵니다. 그러나 현명하면, 자연은 당신의 유능한 조력자가 됩니다. 우주 법칙은 강제가 아니라 가능성의 조건이며, 그 조건을 유리하게 활용하려면 반드시 지식이 필요합니다.

이 원리를 가장 명확하게 보여 주는 예가 바로 중력의 법칙입니다. 모든 물체는 지구 중심 쪽으로 끌려간다는 중력의 법칙이 있습니다. 이 법칙에 대한 어리석은 해석은 "나는 중력을 이길 수 없으니, 계단을 오를 수도 없다"라고 말하며 주저앉는 것입니다. 그러나 현명한 사람은 우주에 중력 외에도 수많은 다른 법칙이 존재함을 압니다. 그는 자신의 근육에 내재된 생물학적, 화학적 에너지의 법칙을 이용하여 중력에 대항하는 힘을 생성하고, 자신의 몸을 들어 올려 계단을 오릅니다. 만약 질병으로 근육이 약해졌다면, 그는 1층에 머물러야 할 수도 있습니다. 그러나 그가 스스로 힘을 써서 계단을 오르는 행위는 어떤 법칙도 위반하는 것이 아닙니다. 오히려 그는 하나의 법칙(근육 에너지)을 지혜롭게 사용하여 다른 법칙(중력)의 장(場) 안에서 자신이 원하는 목적을 달성한 것입니다.

이것이 바로 과학이 오늘날 인류에게 주는 위대한 교훈입니다. 인간은 자연의 법칙을 이해할 때에만 자연을 지배하고 활용할 수 있습니다. 카르마 법칙을 '방해한다'는 표현은 사실 정확하지 않으며 오해를 낳을 수 있습니다. 법칙 자체는 "이러한 원인이 존재하면, 이러한 결과가 따라온다"라고 말할 뿐이며, 그 자체는 변하지 않습니다. 우리가 하는 일은 하나의 힘에 대항하는 다른 힘을 사용하여 그 힘의 작용을 중화하거나 방향을 바꾸는 것입니다. 불리한 결과를 낳는 원인들의 연쇄를 끊고, 유리한 결과를 낳는 새로운 원인을 도입하는 것, 이것이 바로 지식을 통해 자유를 실현하는 과정입니다.

5) 법칙의 과학적 활용

정신적·도덕적 세계에서 우리의 현재 상태는 중세의 연금술사에 비유할 수 있습니다. 예를 들어, 로저 베이컨과 같은 연금술사들은 미지의 힘들을 다루며 실험했습니다. 그들은 자신이 무엇을 만들어 낼 수 있을지 확신할 수 없었으며, 예상치 못한 결과와 원하지 않는 위험까지 감수해야 했습니다. 그들의 실험은 때로는 귀중한 발견을 낳았지만, 때로는 자신에게 치명적인 해를 입히기도 했습니다. 베이컨은 실험 중 한쪽 눈과 손가락을 잃었고, 때로는 유독 가스에 의식을 잃고 감방 바닥에 쓰러지기도 했습니다. 그는 불완전한 지식의 세계 속에서 용감하게 탐구했지만, 그만큼 위험에 노출된 존재였습니다.

우리 대부분은 정신적·도덕적 세계에서 바로 이 로저 베이컨과 같습니다. 우리는 생각, 감정, 욕망이라는 강력한 화학물질들을 다루면서도, 그것들이 어떤 결과를 낳을지에 대한 명확한 지식이 부족합니다. 우리는 지식이 부족한 상태에서 삶이라는 실험을 감행하며, 그 결과가 우리 자신과 타인에게 해를 끼칠지 모른다는 사실을 간과한 채 행동합니다.

그러나 우리의 목표는 영혼의 연금술사로 남는 것이 아니라, 의식의 화학자가 되는 것입니다. 오늘날의 숙련된 화학자는 화학 법칙에 대한 깊은 이해를 바탕으로 자유롭고 안전하게 실험실에서 움직입니다. 그는 어떤 물질들을 어떤 조건에서 결합해야 원하는 결과를 얻을 수 있는지 정확히 예측하고 통제할 수 있습니다. 마찬가지로, 우리가 정신적·도덕적 법칙인 카르마를 더 깊이 이해할수록, 우리는 더 안전하고 자유롭게 우리 자신의 삶을 설계할 수 있습니다.

법칙이 불가침하고 불변하기 때문에, 지식은 곧 자유의 조건이 됩니다. 우리가 세 가지 차원 모두에서 더 많이 알수록, 우리는 더 많이 예측하고 통제할 수 있습니다. 그러므로 우리는 카르마를 연구하고, 그 지식을 실제 삶에 적용해야 합니다. 많은 사람들이 그저 "아, 내가 더 선했더라면 좋았을 텐데"라고 막연히 한탄합니다. 하지만 그들은 선함이라는 결과를 창조하는 원인, 즉 조건을 만들지 않습니다. 이는 마치 화학자가 물을 만드는 데 필요한 수소와 산소를 준비하지도 않으면서 "아, 물이 있었으면 좋았을 텐데"라고 말하는 것과 같습니다.

진정한 자유는 법칙의 부재가 아니라, 법칙에 대한 완전한 지식에서 비롯됩니다.

6) 운명의 개척과 환경과의 상호 작용

인간은 단 한 번의 생으로 소멸하는 존재가 아니라, 여러 생을 거치며 배우고 성장하는 영적인 존재입니다. 이 '지속되는 자아'는 결코 빈 서판(blank slate)으로 새로운 삶을 시작하지 않습니다. 아이는 자신이 과거의 수많은 생애 동안 생각하고, 느끼고, 행동하며 형성한 고유한 본성, 즉 자신의 카르마를 지닌 채 태어납니다. 이는 부모로부터 물려받은 생물학적 유전과는 다른, 자기 자신이 창조한 영적 유산입니다. 이 안에는 아이가 과거에 창조한 능력들과 자질들이 분명히 존재하지만, 이는 완전히 발달된 힘이 아니라 앞으로의 가능성을 담은 '씨앗'의 형태로 존재합니다. 이 씨앗들은 어떤 환경에 놓이느냐에 따라 그 운명이 달라집니다.

- 풍요롭고 긍정적인 환경이라는 '양분' 속에서 선한 잠재력의 씨앗은 급속히 자라날 수 있고, 악한 성향의 씨앗은 굶주려 시들 수 있습니다.
- 반대로 척박하고 부정적인 환경은 악한 씨앗에 양분을 공급하고 선한 씨앗을 억누를 수 있습니다.

보다 현대적인 과학적 관점 역시 유기체와 환경이 상호 작용과 반작용을 통해 서로 영향을 주고받으며, 이로부터 끊임없는 변화의 연쇄가 발생한다고 봅니다. 그러나 이 과학적 관점조차도, 삶에서 삶으로 이어지며 자신의 과거를 지닌 채 전진하고 성장하는 '지속적 자아'의 존재를 인식할 때 비로소 완성됩니다. 이 의식은 진화와 성숙을 통해 미래의 운명에 점차 더 큰 영향을 미치게 되며, 그 방향을 점점 더 강력하게 형성해 나갑니다.

결론적으로, 우리는 지금 자신이 가지고 온 타고난 본성(과거의 카르마)과 현재 주어진 환경을 당장 바꿀 수는 없습니다. 그러나 이 두 가지 요소를 의식적으로 변화시키는 것은 분명히 가능하며, 우리가 카르마 법칙을 더 많이 이해하고 인식할수록, 그 변화는 더 빠르고 효과적으로 일어날 수 있습니다.

4. 카르마의 윤리학

1) 세속적 착각, 선함과 성공의 분리

카르마의 원리를 실생활에 적용하려 할 때 가장 먼저 부딪히는 난관 중 하나는 현실 세계의 모순처럼 보이는 현상들입니다. 사람들은 종종 **"왜 착한 사람은 사업에 실패하고, 나쁜 사람은 성공하는가?"**라고 묻습니다. 이러한 질문은 카르마를 세속적인 상벌 시스템으로 오해하는 데서 비롯됩니다.

결론부터 말하자면, 도덕적 선함과 돈벌이 사이에는 직접적인 인과관계가 없습니다. 그렇게 기대하는 것은 마치 **"나는 참 착한 사람인데, 왜 하늘을 날 수 없지?"**라고 묻는 것과 마찬가지입니다. 선함은 하늘을 나는 원인이 아니듯, 사업적 성공의 직접적인 원인도 아니기 때문입니다. 카르마의 결과는 언제나 그 원인의 본성을 정확히 따릅니다. 그것은 결코 인간의 기준에 따른 임의적인 보상이 아닙니다.

시인 앨프리드 테니슨은 그의 시 「대가(Wages)」에서 이 위대한 법칙의 본질을 꿰뚫었습니다. 그는 미덕의 대가는 부나 명예 같은 덧없는 것들도, 안락한 휴식도, 감각적 쾌락도 아니며, 오직 '계속해서 나아가는 영광(the glory of going on)', 즉 더욱 고양된 존재가 되는 것 그 자체라고 선언했습니다. "미덕은 그 자체가 보상이다(Virtue is its own reward)"라는 오랜 격언은 바로 이 법칙을 가장 완벽하게 표현한 말입니다. 우리가 진실하다면, 그 행위에 대한 직접적인 카르마적 보상은 외부에서 주어지는 상이 아니라, 우리 내면에 더욱 확고하게 자리 잡는 진실한 본성 그 자체입니다. 다른 모든 미덕에 대해서도 마찬가지입니다.

그렇다면 왜 사람들은 선량함에는 반드시 삶의 성공이 따라와야 한다는 일반적인 믿음을 갖게 된 것일까요? 어떤 오류를 효과적으로 바로잡기 위해서는, 그 오류가 그토록 끈질긴 생명력을 갖도록 만드는 핵심적인 진실을 파악해야 합니다. 이 경우, 그 핵심에 숨은 진실은 바로 '사람이 신성한 법칙과 조화를 이룰 때, 그 조화의 결과로 진정한 행복이 찾아온다'는 점입니다. 그리고 오류는, 그 진정한 행복을 세속적인 성공과 동일시하고, 그 결과가 나타나기까지의 '시간'이라는 요소를 무시하는 데서 발생합니다. 장기적으로 볼 때, 정직과 신뢰 같은 미덕은 사회적 자본을 형성하여 성공의 기반이 될 수 있지만, 이는 직접적이고 즉각적인 인과관계는 아닙니다.

2) 카르마의 이중장부: 행위와 동기의 분리

현실의 복잡한 도덕적 현상들을 이해하기 위해서는, 카르마가 단일한 장부가 아니라 여러 항목으로 나뉜 복식부기 장부처럼 작동한다는 사실을 알아야 합니다. 특히, 우리의 '행위'와 그 행위를 유발한 '의도'는 각각 독립적인 원인이 되어 서로 다른 차원에서 각기 다른 결과를 낳습니다. 이 원리를 설명하는 두 가지 사례는 매우 교훈적입니다.

첫 번째 사례는 '이기적인 박애주의자'입니다. 어떤 사람이 자신의 명예나 사회적 인정을 얻기 위한 이기적인 동기로 거액을 기부하여 병원을 세웠다고 가정해 봅시다. 그의 ① **행위**(병원을 세운 것)는 물질계에서 수많은 사람들에게 치료와 위안, 건강 회복이라는 엄청난 선(善)을 창출합니다. 이 물리적 원인은 그에게 상응하는 물리적 결과, 즉 **미래의 삶에서 물질적 풍요와 편안함이라는 열매**로 되돌아올 것입니다. 그러나 동시에, 그의 ② **의도**(명예욕이라는 이기심)는 정신계와 도덕계에서 또 다른 원인으로 작용합니다. 이 이기적인 동기는 그에 상응하는 정신적·도덕적 반작용, 즉 내면의 공허함, 진정한 만족의 결핍, 실망과 같은 **고통의 수확을 반드시 낳게 될 것**입니다. 그는 물질적으로는 성공했으나 영적으로는 실패한 삶을 살게 될 수 있습니다.

두 번째 사례는 '지혜롭지 못한 어머니'입니다. 어떤 어머니는 매우 이타적이고 희생적인 사랑으로 아들을 대합니다. 그러나 그녀는 지혜가 부족하여 아들의 모든 변덕과 이기적인 요구를 무조건적으로 들어줍니다. 그녀의 의도(아들에 대한 사랑)는 선하지만, 그녀의 행위(지혜롭지 못한 방임)는 아들의 이기심을 극복하는 데 전혀 도움이

되지 못하며, 오히려 그의 하위 본성을 강화하고 상위 본성을 굶주리게 만듭니다. 결과적으로 아들은 제어되지 않는 이기적인 성향으로 자라나 가정에 불행을 초래하거나 심지어 빚과 불명예를 안길 수도 있습니다. 그녀가 겪게 될 고통은 그녀의 지혜롭지 못한 이타심이 만들어 낸 환경의 직접적인 반작용이며, 그녀는 선한 의도에도 불구하고 그 고통스러운 결과를 받아들여야 합니다.

이 두 사례는 카르마의 윤리학이 단순한 선악 이분법을 훨씬 뛰어넘는 정교한 체계임을 보여 줍니다. 행위의 결과와 의도의 결과는 서로 다른 장부에 기록되며, 서로를 상쇄하거나 대체하지 않습니다.

3) 동기의 완성과 지혜의 빛

결론적으로, 불리한 환경에 놓인 선량한 사람은 중요한 통찰을 얻을 수 있습니다. 선량한 사람은 자신의 선한 인격을 스스로 만들어 왔듯이, 현재의 고통스러운 환경 또한 과거의 자신이 만든 것입니다. 그의 선한 생각과 욕망이 지금의 선한 인격을 형성했지만, 아마도 지혜가 부족했거나 잘못된 방향으로 설정된 생각과 행동이 현재의 고통스러운 환경을 초래했을 것입니다.

그러므로 진정으로 자신의 운명을 개선하고자 하는 사람은 단순히 '선량하다'는 사실에 안주해서는 안 됩니다. 그는 자신이 주변 세계에 미치는 모든 영향이 지혜롭고 이롭도록 끊임없이 주의를 기울여야 합니다. 그렇게 할 때, 그가 뿌린 선하고 지혜로운 영향력의 씨앗들은 결국 그에게 유익한 환경이라는 열매로 되돌아올 것입니다.

 카르마에 대한 지식의 궁극적인 목적은 단지 개인이 자신의 미래를 의식적으로 설계하게 하는 것을 넘어섭니다. 그것은 다른 이들의 삶에서 작동하는 이 법칙을 이해하고 그들을 더욱 효과적으로 돕도록 해 줍니다. 법칙이 결코 침해될 수 없는 이 우주 속에서 우리가 두려움 없이 유용하게 움직일 수 있도록 해 주는 것은 오직 이 법칙에 대한 지식뿐입니다. 이 지식을 통해 우리는 스스로 안전을 확보하고 다른 사람들 역시 그와 같은 안전에 도달하도록 도울 수 있습니다.

 우리는 자신의 길을 스스로 선택하고, 그 선택의 결과를 온전히 받아들여야 합니다. 선량함을 통해 부를 얻고자 하거나, 비양심적인 수단이 단기적인 성공을 거두었을 때 그것을 정당화해서는 안 됩니다. 종종 미덕의 가장 큰 적은 안락한 물질적 조건 안에 존재합니다. 역경 속에서는 올바르게 살아가던 이들이 번영 속에서는 길을 잃고 세속적 쾌락에 빠져드는 모습을 우리는 자주 봅니다.

 궁극적으로 카르마가 우리에게 가르치는 윤리적 명령은 단순히 '선하라'는 것을 넘어 '지혜로워지라'는 것입니다. 선한 의도는 필수적이지만 충분하지 않습니다. 지혜와 결합될 때만이 그 의도는 진정으로

선한 결과를 창출할 수 있습니다. 이것이 카르마가 속박의 교리가 아닌, 인간이 정신적·도덕적 완성으로 진화할 것이라는 위대한 보장이 되는 이유입니다.

5. 자신의 운명을 만드는 인간

1) 카르마가 작동하는 세 가지 세계

카르마 법칙을 일상생활에 적용하기 위해서는, 먼저 인간이라는 존재가 활동하는 무대를 이해해야 합니다. 즉, 영원한 원리와 덧없는 사건들 사이의 관계를 연결해야 합니다. 현대 종교가 삶 속에서 무기력하게 작동하는 이유는 종종 이 연결 고리에 대한 통찰을 상실했기 때문입니다. 사람들은 위생과 질병 사이의 물리적 관계는 이해하기에 자신의 뒷마당을 청소하지만, 정신적·도덕적 결함과 그것이 초래할 고통 사이의 비물리적 관계는 보지 못하기에 자신의 정신적 뒷마당은 방치하는 경향이 있습니다.

인간은 일반적으로 세 가지 차원에서 동시에 살아가며 카르마를 창조합니다. 각 차원은 고유의 법칙을 따르며, 인간은 각 차원과 소통하기 위해 그 차원의 물질로 구성된 몸체, 즉 매개체를 갖추고 있습니다.

① 물질계(The Physical World): 우리가 오감으로 인지하는 세계로, 육체를 통해 활동하며 물리적인 행위의 결과를 낳습니다.
② 심령/욕망계(The Psychic/Desire World): 감정, 욕망, 느낌

의 세계로, 감정체 또는 아스트랄체를 통해 활동하며 감정적 결과를 창조합니다.
③ 정신계(The Mental World): 생각, 이성, 지성의 세계로, 정신체 또는 멘탈체를 통해 활동하며 생각의 결과를 만들어 냅니다.

인간은 깨어 있는 의식 속에서 행동, 욕망, 생각을 통해 이 세 가지 세계에서 끊임없이 카르마, 즉 원인과 결과를 창조합니다. 심지어 육체가 잠든 동안에도, 인간은 심령계와 정신계에서 계속해서 카르마를 만들어 낼 수 있습니다. 물론 이때 생성되는 카르마의 양과 성격은 그 사람의 진화 단계에 따라 달라집니다.

우리는 이 세 가지 세계에 초점을 맞출 수 있는데, 왜냐하면 그 위의 더 높은 차원들은 보통의 인간이 의식적으로 활동할 수 있는 영역이 아니기 때문입니다. 그러나 우리는 인간이 마치 나무와 같다는 점을 기억해야 합니다. 인간의 뿌리는 상위 차원의 영적 세계에 깊이 고정되어 있으며, 그 가지는 의식이 활동하고 몸체가 머무는 하위 세 가지 세계에 널리 뻗어 있습니다. 각 차원의 법칙은 그 세계 안에서 독립적으로 작용하며, 여러 힘이 충돌할 때는 모든 힘이 합쳐진 최종적인 결과가 나타납니다. 이 모든 활동은 보편적 법칙인 카르마의 작용 안에 포함됩니다.

2) 운명을 바꾸는 최초의 동력

인간이 활동하는 세 가지 무대를 이해했다면, 이제 우리는 어떤 힘이 가장 강력한 원인으로 작용하는지 질문해야 합니다. 현상 속에서 가장 강력하고 결정적인 원인은 바로 '인간의 의지와 이성'입니다. 인간은 단순히 외부 조건의 수동적인 산물이 아닙니다. 인간은 신성한 의지의 표현이며, 본질적으로 우주의 창조적 힘과 하나입니다. 다만, 무지로 인해 그 힘이 방해를 받고, 조잡한 물질 속에서 작용하면서 자신을 억제하는 조건들에 맞서야 할 뿐입니다. 우리가 영적으로 그것을 정복해 나갈 때 비로소 우리는 진정한 자유를 얻습니다.

이 원리는 알코올 중독을 극복하려는 사람의 예를 통해 명확히 드러납니다. 어떤 사람이 술에 취하는 상황을 분석해 봅시다. 여기에는 세 가지 주요 조건이 작용합니다: ① 술에 끌리는 개인적 성향, ② 함께 어울리는 방탕한 친구들, ③ 술이 쉽게 구해지는 환경. 이 조건들 속에서 그는 반복적으로 술에 취하는 결과를 맞이합니다.

이제 그가 이 나쁜 습관을 극복하고자 한다면, 그는 새로운 원인을 도입해야 합니다. 그는 이렇게 결심할 수 있습니다: "나는 술과 방탕한 사람들과 함께 있을 때 내 성향을 통제할 만큼 강하지 못하다. 그러므로 술자리에는 가지 않겠고, 나를 유혹하는 사람들과도 어울리지 않겠다." 그는 정신계에서 비롯된 강력한 의지력, 즉 새로운 정신적 조건을 추가함으로써 기존의 세 가지 조건 중 두 가지(친구와 환경)를 제거합니다. 그 결과, '술에 취하지 않는 삶'이라는 새로운 결과가 필연적으로 나타납니다. 이것은 카르마를 방해하거나 위반한 것이 아니라, 카르마의 원리를 가장 지혜롭게 활용한 행동입니다. '술에 취하라'는 운명 같은 명령은 없으며, 단지 취하게 만드는 특정 조건들이 존재할 뿐이기 때문입니다. 인간의 의지는 이 조건들의 연쇄를 끊고 새로운 인과관계를 설정하는 가장 강력한 힘입니다.

3) 운명을 바꾸는 지식

많은 사람들이 자신의 정신적·도덕적 결함에 직면했을 때, "그게 내 본성이야. 어쩔 수 없어"라고 말하며 변화의 가능성을 포기합니다. 이는 마치 중력 때문에 계단을 오를 수 없다며 주저앉는 사람과 같은 태도입니다. 카르마 철학은 이러한 운명론적 태도를 정면으로 반박합니다. 우리가 '본성' 또는 '천성'이라고 부르는 것은 고정불변의 실체가 아니라, 단지 그 사람이 과거에 생각하고, 욕망하고, 행동한 것들이 축적된 결과, 곧 "그 사람의 카르마"일 뿐입니다.

따라서 카르마에 대한 지식은 인간을 절망에 빠뜨리는 것이 아니라, 오히려 인간으로 하여금 자기 본성을 의식적으로 바꾸고, 오늘의 자신과 다른 내일의 자신을 창조할 수 있도록 힘을 부여합니다. 인간은 외부로부터 주어진 운명에 사로잡힌 존재가 아닙니다. 인간은 자연의 힘이 충만한 세계 속에서, 스스로 바라는 상태를 창조할 수 있는 주체입니다. 필요한 것은 오직 지식과 의지뿐입니다.

의식 없이, 되는 대로 살아가는 사람은 마치 흐르는 강물 위에 떠 있는 통나무와 같습니다. 그는 외부 환경의 흐름에 몸을 맡긴 채, 다른 통나무에 부딪히고, 바람에 밀려다니며, 예기치 못한 소용돌이에 휘말리는 삶을 살게 됩니다. 이것이 곧 우리가 실패, 불운, 불행이라고 부르는 상태의 본질입니다. 그러나 카르마는 인간을 억누르지 않습니다. 오히려 인간이 목적을 이루도록 돕는 수단들, 즉 자연의 힘들을 손에 쥐여 줍니다. 사람은 이전에 선택한 욕망과 생각, 행동으로 형성된 자신의 현재 본성을 의식적으로 수정하고 변화시켜 새롭게 구축할 수 있습니다.

"습관은 제2의 천성이다"라는 격언은 이 과정을 정확히 묘사합니다. 생각은 행동의 습관을 만들고, 행동의 습관은 성격을 형성하며, 성격은 운명을 결정합니다. 이렇게 의식적인 노력을 통해 만들어진 미래의 본성은 지금의 본성만큼이나 필연적이며, 현재 의도적으로 만들어 내는 조건들의 결과입니다. 법칙이 존재하는 곳에서는 불가능한 성취란 없습니다. 오히려 카르마는 인간이 정신적·도덕적 완성을 향해 끊임없이 진화할 것이라는 궁극적인 보증수표입니다.

6. 운명을 엮는 세 가지 힘

1) 카르마의 동력: 의지, 생각, 행동

이제, 인간이 환경에 어떻게 영향을 미치는지, 즉 과학적 표현으로는 유기체가 환경에 어떻게 작용하는지를 살펴보겠습니다. 인간은 매우 다양한 방식으로 자신의 주변 환경에 영향을 줍니다. 이 모든 작용은 세 가지 자기표현 양식, 곧 의지, 생각, 행동으로 분류될 수 있습니다.

진보한 인간은 자신의 내면 에너지들을 하나로 집중시켜, 자신으로부터 분출되어 행동을 일으킬 수 있도록 준비시킵니다. 이러한 에너지들이 단일한 힘으로 집중되어 내면에 예비되고, 분출될 준비가 된 상태를 의지라고 부릅니다. 이는 내면적 집중이며, 자기표현의 세 양식 중 하나입니다.

진보가 늦은 인간은, 주변에 있는 쾌락 혹은 고통을 야기하는 대상들이 그러한 에너지들을 자극하여 이끌어 내며, 이러한 다양한 외부 자극에 반응하는 에너지 작용을 우리는 욕망이라고 부릅니다. 그러나 이런 욕망들이 내면으로 수렴되어 단일한 방향을 향해 통합되고 조율될 때, 그 통합된 에너지는 의지라 불릴 수 있습니다. 이 의지는 자아(Self)에 의해 지도되며, 자아는 이전의 경험을 기반으로 앞으로 나아갈 방향을 결정합니다. 이러한 진보가 늦은 사람은 욕망이 카르마의 주된 원인이며, 그 결과는 매우 복잡하게 얽혀 나타납니다.

반면, 진보한 인간은 '의지'가 가장 강력한 창조적 힘입니다. 인간이 자신의 욕망을 의지로 바꾸는 순간, 사람은 더 이상 운명에 끌려다니는 존재가 아니라, 자신의 운명을 주도하는 자가 되는 것입니다.

생각(Thought)이라 불리는 자기표현 양식은, 자아가 외부 세계를 알게 되는 측면, 즉 인식(Cognition) 작용에 속합니다. 이 인식 작용을 통해 지식을 얻고, 그 얻은 지식에 자아가 작용하는 과정이 바로 생각입니다. 생각은 창조적인 힘을 지니며 우리가 알다시피 인격을 형성하므로, 이 또한 카르마의 중요한 한 요소가 됩니다.

다음으로, 자아로부터 밖으로 나와 환경에 직접 영향을 미치는 에너지가 바로 행동(Activity)입니다. 이는 자아가 비-자아, 즉 외부 세계에 작용하는 방식이며, 이러한 행동은 필연적으로 외부 세계로부터의 반작용을 불러오는데, 이것이 바로 카르마입니다.

요약하자면, 모든 에너지를 하나로 모으는 힘은 의지(Will)이고, 외부 세계를 알아차리는 힘은 인식(Cognition)이며, 그 외부 세계에 영향을 미치는 힘이 바로 행동(Activity)입니다. 카르마라는 반작용의 내적 원인은 의지에서 비롯되며, 그 반작용의 성격은 인식을 통해 결정됩니다. 그리고 그 반작용을 직접 일으키는 것은 행동입니다. 이 세 가지가 바로 카르마라는 밧줄을 엮는 세 가닥의 실입니다.

2) 카르마의 구조, 의식과 물질의 삼중성

히브리 경전은 "신이 자신의 형상대로 인간을 창조했다"라고 말합니다. 여러 위대한 종교에서 나타나는 삼위일체(Trinities)는 신성한 의식의 세 가지 측면을 상징하며, 이는 인간이 지닌 삼중성에도 그대로 반영되어 있습니다.

* **제1 로고스**(신지학), 마하데바(힌두교), 성부(기독교)는 의지(Will)를 주된 속성으로 하며, 우주를 세운 법칙이자 주권의 힘을 보여 줍니다.
* **제2 로고스**, 비슈누(힌두교), 성자(기독교)는 지혜(Wisdom)이며, 우주를 보존하고 만물에 스며드는 유지의 힘입니다.
* **제3 로고스**, 브라흐마(힌두교), 성령(기독교)은 창조의 실행자(Agent)이며, 우주를 물질 세상에 드러내는 창조력 그 자체입니다.

신성한 의식이든 인간의 의식이든, 이 세 가지 자기표현 양식 중 어느 하나에 속하지 않는 것은 없습니다. 그런데 이러한 삼중성은 의식에만 국한되지 않고, 물질의 근본적 구성에도 그대로 반영됩니다. 물질은 이 세 가지 의식의 형태에 각각 반응하는 세 가지 근본적인 특성을 지니고 있습니다. 의식이 자신을 표현할 방법 없이는 드러날 수 없는 것처럼, 물질도 이러한 특성 없이는 현현할 수 없습니다.

* **첫째, 관성(타마스)**: 이는 모든 존재의 기초이자 안정성을 위해 필수적인 성질로, 의지(Will)에 상응합니다.
* **둘째, 운동성(라자스)**: 이는 움직여질 수 있는 능력으로, 행동(Activity)에 상응합니다.
* **셋째, 리듬(사트바)**: 이는 움직임을 조화롭게 만드는 평형의 성질로, 인식(Cognition)에 상응합니다. 이 리듬이 없다면 모든 움직임은 혼돈스럽고 파괴적일 것입니다.

모든 것을 의식의 관점에서 고찰하는 요가 철학에서는 이 리듬이라는 특성을 '인식될 수 있는 가능성(cognisability)'이라고 부르는데, 이는 물질이 영(Spirit)에 의해 인식될 수 있도록 만드는 성질을 의미합니다.

우리의 환경에 영향을 주는 의식 속 모든 것과, 우리 의식에 의해 영향을 받는 환경의 모든 것이 합쳐져 우리의 세계를 이룹니다. 이처럼 우리 의식과 환경 사이의 상호 관련성이 바로 우리의 카르마입니다. 우리는 이 세 가지 의식의 작용 방식을 통해 우리 각자의 개별적인 카르마를 만들어 냅니다. 이 과정에서 자아(Self)와 비-자아(Not-Self) 사이에 존재하는 우주 전체의 상호 관련성은 우리에 의해 개별적인 관계로 구체화됩니다. 우리가 분리된 자아의식을 넘어설수록 이 개별적인 관계는 다시 우주 전체의 상호 관련성으로 통합되지만, 우주가 현현해 있는 동안 이 거대한 상호 관련성을 완전히 벗어날 수는 없습니다.

이처럼 우주 전체에 적용되는 원리를 개별적인 것으로 구체화하고, 다시 그 개별적인 경험을 우주 전체의 원리로 통합하는 과정이 바로 '세상의 영원한 길'을 이룹니다. 이 길이 바로 경험을 수확하기 위해 밖으로 나아가는 '하강의 길(Path of Forthgoing)'과, 그 경험의 결실을 가지고 근원으로 돌아오는 '상승의 길(Path of Return)'입니다. 이것이 바로 진화의 거대한 수레바퀴이며, 이는 물질의 관점에서 보면 가치 없어 보이지만 영의 관점에서는 지극히 아름답습니다.

"인생은 절규가 아니라 노래입니다."

7. 카르마의 첫 번째 끈, 생각

1) 행동의 뿌리, 생각

이처럼 카르마 창조에는 세 가지 영적 요소와 그에 대응하는 세 가지 물질적 속성이 있으며, 우리가 바라는 카르마를 형성하기 위해서는 이들을 이해하고 연구해야 합니다. 어떤 순서로 접근하든 무방하지만, 여러 가지 이유로 인식(cognitive) 요소를 먼저 다루는 것이 바람직합니다. 왜냐하면 그 안에는 지식과 선택의 힘이 있기 때문입니다. 우리는 생각을 사용하여 욕망을 변화시킬 수 있지만, 욕망은 생각을 물들일 수는 있어도 그 자체를 바꾸지는 못합니다. 따라서 궁극적으로 행동은 생각에 의해 이끌립니다.

가장 원시적인 미개 상태의 인간이나 갓 태어난 아이의 경우, 행동은 근원적인 좋고 싫음에 의해 유발됩니다. 그러나 거의 즉시 기억이 개입합니다. 즐거움을 줬던 경험은 다시 경험하고자 하는 욕망을 낳고, 고통을 줬던 경험은 피하고자 하는 욕망을 낳습니다. 무엇인가가 즐거움을 주었다면 그것은 기억되고, 곧 생각되며, 욕망되며, 결국 그것을 붙잡으려는 행동이 이어집니다. 이 세 요소는 실제로 분리될 수 없습니다. 왜냐하면 어떤 행동도 행동에 선행하는 생각과 욕망 없이 이루어지지 않으며, 행동 이후에는 다시 생각과 욕망을 불러오기 때문입니다. 행동은 보이지 않는 생각과 욕망의 외적 표현이며, 그 실현은 다시 새로운 생각과 욕망을 만들어 냅니다. 이렇게 세 요소는 서로를 부단히 불러내며 끊임없는 순환을 이루어 갑니다.

2) 생각이라는 건축가

이제 생각은 물질에 작용합니다. 의식의 모든 변화는 물질의 진동으로 응답받으며, 동일한 변화가 반복되면 유사한 진동이 반복적으로 일어납니다. 이러한 진동은 가장 가까운 물질, 곧 당신 자신의 정신체에서 가장 강하게 나타납니다. 만일 어떤 생각을 반복한다면, 그에 해당하는 진동도 반복될 것입니다. 물질은 한 번 특정 방식으로 진동하면, 전혀 새로운 방식보다 동일한 방식으로 다시 진동하는 것이 훨씬 수월하므로, 생각이 자주 반복될수록 해당 진동은 점점 더 쉽게 유발됩니다. 결국 반복을 통해 정신체를 구성하는 물질은 스스로 그 진동을 자동적으로 반복하려는 경향을 가지게 되며, 이로 인해 의식에서 어떤 사전 활동 없이도 그 생각이 마음에 떠오르게 됩니다.

따라서 당신이 어떤 미덕이나 감정, 소망과 같은 특정 가치를 바람직하다고 여기고, 그 미덕을 갖고 그 감정을 느끼며 그 소망에 따라 움직이기로 의도적으로 결심했다면, 당신은 조용히 '생각의 습관'을 만들기 시작하는 것입니다. 매일 아침 몇 분씩 의도적으로 그 바람직한 가치에 대해 생각하면, 머지않아 그 생각이 마음속에 저절로 떠오르는 것을 발견하게 될 것입니다. 이는 앞서 언급된 정신 물질의 자동적인 활동 때문입니다. 당신은 이 생각 만들기를 꾸준히 지속하여, 반대 방향으로 똑같이 오랫동안 생각하지 않고서는 바꿀 수 없을 만큼 강력한 생각의 습관을 형성하게 됩니다.

일단 이렇게 생각이 습관이 형성되면, 때로는 자신의 의지와 상관없이 특정 생각이 마음에 계속 떠오르기도 합니다. 실제로 많은 사람이 괴로운 생각이 비자발적으로 반복되는 바람에 잠 못 이루는 경험을 하곤 합니다. 예를 들어, 당신이 '정직'이라는 습관을 이런 식으로 확립했다면, 당신은 자동적으로 정직하게 행동할 것입니다. 만약 어떤 강한 욕망의 돌풍이 당신을 한순간 부정직한 길로 이끌더라도, 내면에 자리 잡은 그 정직의 습관이 당신을 심하게 괴롭힐 것입니다. 이는 습관적인 도둑에게는 결코 일어나지 않을 고통입니다. 당신은 정직이라는 습관을 스스로 창조했지만, 도둑에게는 그런 습관이 없기 때문입니다. 그래서 당신은 그 습관이 깨졌을 때 정신적으로 고통받지만, 도둑은 전혀 고통을 느끼지 않습니다.

이러한 정신적 습관을 어떠한 외부의 힘보다도 강해질 때까지 꾸준히 강화해 나간다면, 당신은 비로소 신뢰할 수 있는 사람이 됩니다. 그런 사람은 말 그대로 거짓말을 할 수도, 도둑질을 할 수도 없게 됩니다. 그는 자신의 내면에 그 누구도 무너뜨릴 수 없는 견고한 미덕을 쌓아 올린 것입니다.

3) 인격이 곧 운명이다

이처럼 생각을 통해 당신은 의도한 어떤 습관이든 형성할 수 있습니다. 생각으로 창조할 수 없는 미덕은 없습니다. 자연의 힘들은 당신이 그것들을 어떻게 다룰지 알게 되면, 당신과 함께 작용하며 당신의 도구가 됩니다.

당신이 남편, 아내, 자녀를 사랑한다면, 그 사랑이 기쁨과 평화를 준다는 사실을 곧 알게 될 것입니다. 그리고 이 사랑을 점차 더 넓은 사람들에게 확장하면, 그 사랑은 더 많은 이들에게 행복을 가져다줄 것입니다. 당신은 이를 관찰하고, 모든 이의 행복을 의도적으로 바라게 되며, 타인을 향한 사랑의 생각을 의도적으로 반복하기 시작합니다. 이렇게 사랑이 점점 더 넓은 대상을 향해 퍼져 나가고, 마침내 당신이 만나는 모든 이에게 사랑을 표출하는 것이 자연스러운 태도가 될 때, 당신은 사랑의 습관을 형성한 것입니다. 이는 감정이 일반화되어 미덕으로 정착된 것이며, 미덕이란 결국 좋은 감정이 일반화되고 지속된 형태입니다. (바가반 다스의 『감정의 과학』 참조)

모든 것은 법칙 아래 있습니다. 아무것도 하지 않고 가만히 있는 것만으로는 결코 정신적 능력이나 도덕적 미덕을 얻을 수 없습니다. 오직 지속적이고 끈기 있는 생각을 통해서만 이 둘은 획득됩니다. 당신은 생각을 통해 자신의 정신적·도덕적 본성을 스스로 구축할 수 있습니다. "인간은 생각에 의해 창조된다. 인간이 생각하는 것이 곧 인간이 된다. 그러므로 당신이 되고자 열망하는 것에 대해 생각하라. 그러면 필연적으로 그것은 당신이 될 것이다." 이 원리에 따라, 당신은 정신적·도덕적 훈련을 통해 내면의 역량을 강화할 수 있으며, 당신의 인격은 빠르게 성장하게 될 것입니다.

당신은 과거에 현재의 인격을 형성했습니다. 지금 이 순간에도 당신은 죽음 이후와 다음 생에서의 인격을 형성하고 있습니다. 이것이 바로 카르마입니다. 모든 이는 '인격(character)'을 가지고 태어납니다. 그리고 그 인격은 개인의 카르마에서 가장 중요한 요소입니다. 이슬람 전통에서 말하듯 "인간은 목에 운명을 걸고 태어난다"라고 했습니다. 이는 인간의 운명이 그의 인격에 달려 있다는 의미입니다. 강한 인격은 가장 불리한 환경도 극복하며, 가장 험난한 장애도 돌파합니다. 반면 약한 인격은 환경에 휘둘리고, 사소한 장애에도 쉽게 무너집니다.

4) 주어진 운명을 넘어서는 길, 명상

명상에 관한 모든 이론은 바로 이 '생각의 법칙'을 기반으로 합니다. 왜냐하면 명상이란 특정 대상을 목표로 삼아 의도적으로, 그리고 꾸준히 생각을 이어 나가는 행위이며, 바로 그 이유 때문에 강력한 카르마의 원인이 되기 때문입니다.

지식과 생각을 사용하여 자신의 인격을 바꾸어 나간다면, 원하는 결과를 아주 빠르게 이끌어 낼 수 있습니다. 만약 당신이 겁쟁이로 태어났다면 스스로를 용감하다고 생각함으로써 바꿀 수 있습니다. 부정직하게 태어났다면 정직하다고 생각하고, 진실하지 못하게 태어났다면 진실하다고 생각하십시오. 자기 자신과 이 법칙의 힘을 굳게 믿으십시오.

우리가 잊지 말아야 할 또 하나는, 구체적인 생각은 자연스럽게 행동으로 이어진다는 점이며, 만약 생각이 행동으로 옮겨지지 않으면 반작용으로 생각의 힘이 약화된다는 것입니다. 생각이 이끄는 방향을 따라 실제 행동이 이어져야 합니다. 그렇지 않으면 발전은 더딜 수밖에 없습니다.

그러므로 깨달으십시오. 비록 당신이 현재 타고난 인격을 어찌할 수 없고, 그것이 이 생의 운명과 삶의 방향에 깊은 영향을 끼친다 하더라도, 당신은 생각과 그것을 따르는 행동을 통해 인격을 변화시킬 수 있습니다. 약점을 제거하고, 결점을 뿌리째 뽑으며, 바람직한 자질을 강화하고, 능력을 확장할 수 있습니다. 당신은 주어진 인격을 가지고 태어났지만, 그것을 변화시킬 수 있는 능력을 지니고 있습니다. 그 수단으로서 지식이 주어졌으며, 각자는 그 지식을 스스로의 삶에서 실천해야 합니다.

8. 카르마의 두 번째 끈, 욕망

1) 의지와 욕망

이제 욕망과 행동을 살펴볼 차례입니다. 의지는 행동을 유발하는 에너지이며, 외부 대상에 의해 끌리거나 반발될 때 우리는 이를 욕망이라 부르며, 이는 의지의 하위 원리입니다. 이는 생각이 인식의 하위 원리인 것과 같습니다. 만일 어떤 사람이 쾌락을 주는 대상을 앞에 두고 아무런 생각 없이 그것을 움켜쥔다면, 그는 욕망에 의해 움직인 것입니다. 반면, "나는 지금 그것을 즐기면 안 돼, 왜냐하면 나에게는 해야 할 의무가 있어"라고 말하며 자신을 자제한다면, 그는 의지에 따라 행동하는 것입니다. 자아(Self)의 에너지가 올바른 이성에 의해 통제되고 인도될 때, 그것은 의지입니다. 그러나 그것이 억제되지 않고 매력적인 외적 대상에 의해 끌려다닐 때, 그것은 욕망입니다.

욕망은 우리 안에서 자연스럽게 발생합니다. 우리는 어떤 것을 좋아하고, 어떤 것을 싫어하며, 이러한 '좋고 싫음'은 자발적이지 않고 의지나 이성의 통제 아래 있지 않습니다. 우리는 이를 정당화하고자 그럴듯한 이유를 만들어 내기도 하지만, 그것들은 본래 비이성적이며, 생각보다 앞섭니다. 그럼에도 불구하고, 욕망은 비록 직접적인 방식은 아닐지라도 통제되고 변화될 수 있습니다.

물리적 미각을 예로 들어 봅시다. 만일 소금물에 절인 올리브를 어린아이에게 주면, 대개 아이는 그것을 거부합니다. 그러나 만약 올리브를 좋아하는 것이 유행이 되고, 그 사회 집단이 올리브를 좋아하기로 결심하며 끈기 있게 섭취하면, 결국 그들도 올리브를 좋아하게 됩니다. 혐오에서 호감으로의 전환은 어떻게 일어났을까요? 그것은 마음의 명령에 따른 의지의 작용 덕분입니다.

2) 욕망 극복의 기술

우리는 생각을 통해 욕망을 변화시킬 수 있습니다. 인간은 본성적으로 선하거나, 악하거나, 혹은 중립적인 다양한 욕망들을 타고나며, 어린 시절에는 그것들이 저마다의 방식대로 발현됩니다. 그러나 우리는 곧 그것들을 검토하고, 어떤 욕망은 유용하고, 어떤 욕망은 쓸모없거나 심지어 해롭다는 판단을 내립니다. 그리고 나서 우리는 고귀하고 유익한 욕망의 생각-이미지를 형성하고, 그것을 구현하기 위해 의도적으로 노력하게 됩니다.

예를 들어, 통제하지 않고 내버려두면 질병을 일으키는 육체적 욕망들이 있습니다. 미각의 쾌락을 위한 과식, 일시적인 활력을 주는 음주, 그리고 성적인 쾌락에 대한 탐닉이 바로 그것입니다. 우리는 다른 사람들의 모습 속에서 이러한 것들이 결국 비만, 신경 쇠약, 이른 나이의 기력 소진을 야기하는 것을 봅니다. 따라서 우리는 그러한 욕망들에 굴복하지 않기로 결심합니다. 우리는 야생마와 같은 감각들을 '정신'이라는 재갈과 고삐로 단단히 옭아매고, 그것들이 몸부림치더라도 의도적으로 제어합니다.

만약 그 감각들이 너무나 거칠어 다루기 힘들다면, 우리는 대식가, 주정뱅이, 방탕으로 망가진 사람의 이미지를 마음속에 떠올립니다. 그렇게 함으로써 그들을 그렇게 만든 원인들에 대한 강한 혐오감을 스스로 만들어 내는 것입니다.

이 외의 모든 욕망도 마찬가지입니다. 우리는 보다 정교하고 고상한 쾌락으로 이끄는 욕망을 의도적으로 선택하고 격려하며, 몸과 정신을 타락시키는 욕망을 거부해야 합니다. 물론 저항은 때때로 실패할 것입니다. 우리는 욕망에 굴복하고, 그것을 자제하기로 한 결심을 너무 늦게 떠올릴지도 모릅니다. 그러나 끈기 있게 노력하십시오. 그러면 결국 욕망과 선한 결심이 함께 기억 속에 떠오르게 되고, 투쟁의 시기 당신의 쿠루크셰트라[26]를 마주하게 될 것입니다. 당신은 때로는 승리하고 때로는 패배할 것입니다. 하지만 끈기 있게 계속 노력하십시오. 승리가 늘어나고, 패배는 줄어들 것입니다. 계속해서 노력하십시오. 결국 욕망은 죽게 될 것이고, 당신은 혹여 그것이 다시 깨

---

26 쿠루크셰트라(Kurukshetra): 고대 인도의 대서사시 『마하바라타』에 나오는 전쟁터의 이름이다. 영적 비유에서는 개인의 영혼 속에서 고귀한 본성과 낮은 본성이 충돌하는 치열한 내적 투쟁의 장(場)을 상징한다.

어날까 염려하여 그 무덤 곁을 지킬 것입니다. 마침내 당신은 그러한 형태의 욕망으로부터 영원히 자유로워질 것입니다. 당신은 법칙과 함께 일하며 그것을 정복한 것입니다.

3) 죽은 욕망의 그림자

학생들은 때때로, 현실에서는 이미 극복했다고 여긴 악습에 꿈속에서 다시 굴복하거나, 오래전에 사라졌다고 믿었던 욕망이 다시 꿈틀거리는 것을 느끼고 당황하곤 합니다. 그러나 이에 대한 올바른 지식은 그런 불안을 해소해 줄 수 있습니다. 꿈을 꾸는 동안, 사람은 자신의 심령체 안에 존재하게 됩니다. 현실의 육체를 진동시키기에는 너무 약한 욕망의 움직임도, 더 미세한 물질로 이루어진 심령체에는 영향을 줄 수 있습니다. 하지만 꿈꾸는 사람이 그러한 움직임에 저항하겠다고 단호히 결심하면, 곧 그 진동에 맞서 싸우게 되고, 결국 그 욕망은 사라질 것입니다.

또한, 학생은 자신의 심령체(astral body) 안에, 더는 쓸모없어져 쇠퇴하고 있는 물질이 한동안 남아 있을 수 있다는 점을 기억해야 합니다. 이 물질은 과거에 특정 욕망이 일어났을 때 사용되었지만, 이제는 사용되지 않아 분해되는 과정에 있는 잔재입니다. 이 잔여 물질은, 주변을 떠도는 다른 사람의 욕망의 에너지체(desire-form)에 의해 일시적으로 활성화되어 마치 살아 있는 것처럼 진동할 수 있습니다.

이러한 현상은 잠을 잘 때나 깨어 있을 때 모두 일어날 수 있습니다. 하지만 이는 이미 죽은 욕망의 잔재가 외부 자극에 기계적으로 반응하는 것일 뿐, 마치 생명 없는 시체가 움직이는 것과 같습니다. 그러므로 학생은 그것을 단호히 거부하며 "너는 내게서 비롯된 것이 아니다. 썩 물러가라"라고 선언해야 합니다. 그러면 그 진동은 멈출 것입니다.

욕망과 싸우는 전사는 욕망을 불러일으키는 대상에 마음을 두어서는 안 됩니다. 다시 말해, 생각은 창조적입니다. 생각은 욕망을 일깨우고, 강한 자극을 줍니다. 행동은 삼가지만, 생각으로 그것을 즐기는 사람에 대해 슈리 크리슈나[27]는 단호하게 말했습니다. "그 미혹된 자는 위선자라고 불린다." 생각에 의해 양분을 공급받는 욕망은 죽지 않으며, 오히려 물리적인 억압 속에서 더 강력해질 뿐입니다. 그러므로 욕망과 싸우기보다는 피하는 것이 낫습니다.

욕망이 일어날 때는 즉시 마음을 다른 데로 돌리십시오. 순수하고 즐거운 책이나 게임 같은 것으로 전환하는 것이 좋습니다. 욕망과 싸우면, 마음은 계속 그 욕망에 머물게 되어 오히려 그것을 강화하게

---

27 슈리 크리슈나(Shri Krishna): 힌두교의 주요 신 중 하나로, 최고신 비슈누(Vishnu)의 8번째 화신(아바타)으로 숭배된다. 대서사시 『마하바라타』의 핵심 인물이며, 그 안에 포함된 경전 『바가바드 기타』에서 주인공 아르주나에게 영적 지혜를 설파하는 신성한 스승으로 등장한다.

됩니다. 욕망이 생겨날 가능성이 있다는 것을 안다면, 미리 전환할 대상을 준비해 두십시오. 그렇게 하면 욕망은 행동이나 생각이라는 양분을 얻지 못해 점차 말라 죽을 것입니다.

4) 성장을 위한 도구, 욕망

우리는 이 세상의 모든 욕망의 대상이 신성(神性)의 내재로 인해 매력적으로 느껴진다는 사실을 결코 잊어서는 안 됩니다. 신께서는 이렇게 말씀하셨습니다. "나를 떠나서는 움직이는 것이든 움직이지 않는 것이든, 그 어떤 것도 존재할 수 없다."

진화의 특정 단계에서는, 바로 그 욕망의 대상들에 대한 끌림이 오히려 진보를 위한 동력이 됩니다. 다만, 그 단계를 넘어서면 다른 가치로 대체되어야만 합니다. 어린아이가 인형을 가지고 노는 것은 좋은 일입니다. 그 행위는 아이 안에 잠재된 모성애의 싹을 틔워 주기 때문입니다. 하지만 다 자란 어른이 인형을 가지고 논다면 안타까운 모습일 것입니다. 이처럼 욕망의 대상들은 발달에 도움이 되는 감정들을 이끌어 내고 노력을 자극하는 역할을 합니다. 그러나 우리가 그것들을 넘어 성장하여 더 이상 그것들이 유용하지 않게 될 때, 그것들은 오히려 해로운 것이 됩니다.

이 모든 내용이 카르마에 어떤 영향을 미치는지는 자명합니다. 우리는 욕망을 통해 기회를 만들어 내고, 욕망의 대상을 스스로 끌어당기므로, 지금 품고 있는 욕망이 곧 미래의 기회와 소유를 결정짓는 설계도가 됩니다. 따라서 순수한 욕망만을 품고, 봉사를 통해 쓰일 수 없는 것은 아무것도 바라지 않는다면, 우리는 두 가지를 보장받게 됩니다. 하나는 타인을 도울 수 있는 미래의 기회이고, 다른 하나는 스승의 일을 돕는 데 쓰일 소유물입니다.

9. 카르마의 세 번째 끈: 행위

1) 행위가 빚어내는 환경과 육체

이제 우리는 카르마가 자아(Self)의 세 번째 원리인 '행위(Activity)'와 어떻게 관련되어 작용하는지를 살펴보아야 합니다. 우리가 외부의 물질세계에 영향을 미치는 방식, 즉 우리의 행동은 카르마라는 밧줄을 이루는 세 번째 가닥을 형성합니다. 여러 측면에서 이것은 상대적으로 가장 중요하지 않은 요소일 수 있습니다. 우리의 생각과 욕망은 이미 정신 물질과 심령 물질에 진동을 일으키고, 특정 생각의 에너지체와 욕망의 에너지체를 만들어 내며, 그 순간부터 외부로 방출되어 활동이 됩니다. 이 행동은 생명과 형태, 의식과 몸체의 외부 세계에 대한 우리의 작용이자 반응입니다.

그것들이 외부로 발산되는 순간부터 다른 존재와 환경에 영향을 미치며, 이는 유기체의 외부 세계에 대한 작용, 또는 경우에 따라 반작용으로 나타납니다.

앞서 살펴보았듯이, 우리 생각이 우리 자신에게 미치는 반작용은 인격과 능력을 형성하는 것입니다. 우리 욕망의 반작용은 기회와 원하는 대상, 그리고 힘을 얻게 되는 것입니다. 그리고 우리 행동의 반작용은 바로 우리의 환경, 즉 우리를 둘러싼 조건과 상황, 친구와 적들이 됩니다.

이 환경 중에서 우리와 가장 가까운 것은 바로 우리의 육체입니다. **육체는 우리 과거 활동의 일부가 물질적으로 표현된 결과물**입니다. 우리의 육체는 이 특별한 임무, 즉 육체를 만드는 과업을 위해 창조된 '정령(elemental)'에 의해 그 모습이 빚어집니다. 다시 말해, 우리의 육체는 과거 활동들의 총합 중 하나의 물질적 형태로 표현될 수 있는 부분에 대한 '우주'의 응답인 셈입니다. 그리고 여기서 '우주'란 곧 '카르마의 대천사(Lords of Karma)'를 의미하는데, 이들은 심판을 집행하는 위대한 천사들이자 과거의 모든 것을 기록하는 존재들입니다.

우리는 카르마의 두 가지 요소인 ① 생각의 본성과 ② 욕망의 본성을 가지고 태어납니다. 이들은 오래전부터 쌓아 온 근원적 경향입니다. 세 번째 카르마는 우리가 그 안으로 태어나는 것입니다. 이는 우리의 자아표현(Self-expression)을 제한하고 속박하는 조건들로, 우리가 과거에 외부 세계에 행한 모든 활동이 되돌아온 결과입니다. 이 결과는 우리의 물리적 육체를 포함한 환경으로 나타나며, 그것이 곧 우리 존재를 둘러싼 제약의 총합입니다.

편집자 노트

아름다운 외모의 혐오스러운 인격의 사람

애니 베전트의 설명에 따르면, 카르마는 원인의 성질에 따라 분리되어 작용한다. **인격은 과거의 '생각'이 빚어낸 결과**이며, 육체적 외모는 타인에게 물리적 도움이나 미적 기쁨을 준 '행위'의 결과일 수 있다. 예컨대, 과거 생에 이기심에 물들어 있었으나 예술적 창작 활동을 통해 기쁨을 주었다면, 그 결과는 현생에서 '오만한 인격'과 '아름다운 외모'로 각각 나타날 수 있다.

하지만 카르마의 법칙이 '선에는 선, 악에는 악'으로 즉각 보응하는 기계적 작용'만'은 아니다. **카르마의 대천사들은 배움의 기회도 우선적으로 설계하기 때문이다. 아름다움은 자만심이나 타인의 집착 같은 시험을 불러일으키고, 반대로 외모의 결핍은 겸손, 진정성, 내면의 성숙을 연마할 기회를 제공한다.** 이와 관련하여 20세기 예언가 에드거 케이시의 방대한 전생 리딩(케이시 파일)을 연구한 지나 서미나라 박사는 다음과 같이 언급한다.

"나는 언제나 남들에게 친절을 베풀었는데, 왜 이런 대접을 받아야 하는가…'라며 불평하는 한 여성이 있다. '옳은 말이다. 당신은 현생에서 친절하다. 하지만 그것은 당신이 이번 생에 아름답지 못했기에, 타인의 사랑을 얻는 유일한 길이 친절임을 깨닫고 노력한 미덕일 뿐이다. 당신의 전생을 보라. 당신은 아름다웠지만 냉정했고, 그 매력을 이용해 육체적 욕망을 마음대로 즐겼다. 당신은 지금 그때 뿌린 씨를 거두고 있는 것이다.'"

2) 행위와 동기의 저울

과거의 활동과 현재의 환경을 면밀히 연구한다면, 지금 우리가 갖지 못한 세부적인 법칙들을 많이 알게 될 것입니다. 우리는 불교와 힌두교 경전에서 이 주제에 관한 방대한 세부 사항들을 읽을 수 있는데, 이는 아마도 과거의 현자들이 세심하고 꼼꼼하게 관찰한 결과일 것입니다.

그와 대조적으로, 오늘날 우리와 같은 현대의 학생들은 아직 몇 가지 큰 원칙들만을 확인할 수 있을 뿐입니다. 확인된 사실을 예를 들면 이교자들에 대한 심각한 고문, 대항할 수 없는 어린이들에 대한 학대, 살아 있는 상태로 해부를 당한 동물과 같은 극심한 잔혹 행위를 한 자들은 그 행위의 성격과 정도에 따라 그 가해자들에게 그대로 되돌아간다는 사실입니다. **그 업보의 결과는 가해자들은 혐오스럽고 극심한 육체적 기형의 형태로 나타납니다.**

이처럼 육체적 고통을 가한 행위가 뚜렷한 육체적 고통으로 되돌아오는 이유는, 카르마가 깨어진 균형을 복원하는 법칙이기 때문입니다. 이러한 물리적 업보의 영역에서는, 행위의 동기가 그 고통을 줄여 주지 못합니다. 이는 마치 불길 속에서 아이를 구하다가 화상을 입었을 때, 그 선한 의도가 화상의 고통을 덜어 주지 못하는 것과 같습니다.

하지만 그 행위에 선한 동기가 있었다면, 비록 그 방향이 지적으로는 잘못되었을지라도, 그 동기는 인격(character)의 영역에서 온전한 결과를 낳습니다. 예를 들어, 종교재판관이 영혼을 지옥의 고통에서 구하려 했거나, 생체해부학자가 인류를 질병의 고통에서 구하려 했던 것처럼 말입니다. **바로 이 때문에 우리는 몸은 기형이지만 온화하고 인내심 깊은 성품을 지닌 사람을 만날 수 있는 것입니다. 그의 모습은 그가 전생에 옳음을 추구하려다 그릇된 행동을 저질렀다는 사실을 보여 줍니다.**

'심판의 대천사들'은 완전한 공정성으로, 잘못된 방향으로 향한 사랑의 황금끈이 잔혹함으로 짜인 검은끈 옆에서 함께 빛나도록 허락합니다. 그러나 그럼에도 불구하고, 검은끈은 잔혹함을 저지른 이에게 기형적인 육체를 끌어당기게 될 것입니다.

3) 육체의 멍에와 영혼의 정화

반면에, 권력욕과 타인의 고통에 대한 무관심이 잔인함과 뒤섞여 악영향을 미쳤다면, 그 결과 정신적·감정적 뒤틀림도 함께 나타날 것입니다. 역사적 사례로 장폴 마라[28]가 있습니다. 그는 과거의 잔인함에 대한 업보를 치르고 있던 바로 그 생에서 죄를 뉘우치기는커녕,

---

28 장폴 마라(Jean-Paul Marat, 1743-1793): 프랑스 혁명기의 급진파 정치인이자 언론인으로 그는 극심한 피부병을 앓아 약물 목욕으로 고통을 달랬다. 혁명 당시 그는 과격한 언론 활동으로 수많은 이들을 단두대로 보내는 데 일조했으며, 결국 반대파였던 샤를로트 코르데에게 암살당했다.

오히려 새로운 잔인함을 더하여 과거의 업을 더욱 가중시켰습니다.

유전병이나 선천성 질환 역시 과거의 잘못된 행위에서 비롯된 업보의 결과입니다. 예를 들어, 전생에 술에 빠져 살았던 사람은 알코올 중독이 야기한 간질 등과 같은 신경계 질환을 남긴 가족 안에서 태어날 것입니다. 방탕했던 사람은 성적인 문란함에서 비롯된 질병에 오염된 가문에서 태어날 것입니다. 소위 '좋지 않은 유전'이란 과거의 잘못된 활동에 대한 반작용인 것입니다. 종종 이처럼 슬픈 업보의 열매를 거두고 있는 사람을 보면, 그 사람의 도덕적 본성은 이미 그 악에서 스스로를 정화했음을 보여 주지만, 육체에 대한 과보는 여전히 남아 있는 경우가 많습니다.

그 사람의 굳건한 인내심과 온화하게 모든 것을 감수하는 만족감은, 비록 싸움에서 입은 상처가 욱신거리고 쓰라릴지라도 악은 이미 과거의 일이 되었고 승리를 거두었음을 말해 줍니다. 이는 마치 치열한 전투에서 심한 부상을 입은 군인이 남은 평생 불구로 살아가더라도, 조국을 위해 영광스럽게 임무를 완수했음을 증명하는 고통과 손실을 그다지 쓰라리게 후회하지 않는 것과 같습니다. 이처럼 더 위대한 전투에서 승리한 영적인 전사들은, 이미 지나간 싸움을 증언하는 육체의 나약함이나 기형에 대해 너무 비통해할 필요가 없습니다. 그들은 자신이 극복한 악과의 투쟁이 남긴 징표를 묵묵히 지니고, 다음 생에서는 그 투쟁의 흉터가 남지 않을 것임을 알기 때문입니다.

10. 운명을 다루는 방법

1) 성장의 장(場)으로서의 환경

한 사람이 태어나는 국가와 가정은, 그에게 필요한 능력을 개발하거나 혹은 이미 획득한 능력을 발휘하기에 적합한 장(場)을 제공해 줍니다. 이는 그가 특정 시간과 장소에서 다른 이들을 돕기 위해 필요한 능력들입니다.

때로는 한 개인이 자신보다 뛰어난 사람들과 함께 치열한 삶을 살며 잠재력을 자극하고 재능의 싹을 틔운 뒤, 그다음 생에서는 평범한 사람들 사이에서 안락한 삶을 살게 되기도 합니다. 이는 그렇게 얻은 힘이 진짜인지, 그리고 이뤄낸 자기 극복이 얼마나 견고한지를 시험하기 위함입니다.

또 다른 경우로, 어떤 자아(Ego)가 특정 정신 능력을 분명히 획득하고 충분한 수행을 통해 자신의 정신적 자산의 일부로 확고히 만들었음에도, 그 능력이 전혀 쓸모없는 환경에 태어날 수 있습니다. 그리고 그곳에서 매우 성미에 맞지 않는 과업들에 직면하게 될 것입니다.

카르마를 모르는 사람은 이런 상황에서 안달하고 분통을 터뜨릴 것입니다. 그는 마지못해 싫은 의무를 수행하며, "저런 바보 같은 존스는 그럴 자격도 없는 자리에 있는데 내 재능은 낭비되고 있구나" 하고 후회하며 생각할 것입니다. 그는 **존스가 배워야 할 교훈을 자신은 이미 통달했다는 사실을 깨닫지 못합니다. 또한 자신이 이미 잘 해냈던 일을 반복하는 것으로는 더 이상 진화할 수 없다는 사실도 깨닫지 못합니다.**

하지만 **카르마를 아는 사람**은 비슷한 상황에서 조용히 자신의 주변 환경을 연구합니다. 그는 자신이 쉽게 할 수 있는 일, 즉 과거에 이미 잘 해냈던 일을 반복하는 것으로는 아무것도 얻을 수 없음을 깨닫고, 그 성미에 맞지 않는 일에 만족스럽게 임합니다. 그는 그 일이 자신에게 무엇을 가르쳐 주려 하는지 이해하려 애쓰며, 그 새로운 교훈을 배우기 위해 단호히 마음을 다잡을 것입니다.

2) 혈연의 의무와 인연의 창조

이러한 원리는, 더 큰 일에 기꺼이 참여하고 싶지만 가족의 의무에 얽매인 자아(Ego)에게도 마찬가지로 적용됩니다. 카르마를 모른다면, 자아는 그 속박에서 벗어나려 안달하거나, 심지어 가족의 의무를 무시하여 미래에 되돌아올 빚을 만들 수 있습니다. 그러나 카르마를 아는 사람은 이러한 의무를 자신의 과거 활동의 반작용으로 보고, 인내심 있게 받아들이고 수행할 것입니다.

카르마를 아는 사람은 가족의 의무들이 마침내 끝나면 자연스럽게 자신을 자유롭게 놓아줄 것이며, 그 안에는 배워야 할 교훈이 있고, 그것을 배우는 것이 자기 의무임을 이해합니다. 그 사람은 그 교훈을 적극적으로 배우려 노력할 것이며, 그러한 교훈들이 마음속 깊은 곳까지 울릴 때, 더 큰 부름에 더욱 유능하게 응답할 수 있는 존재가 될 것임을 확신합니다.

또한 카르마를 아는 사람은 자신의 국가와 가정에 진보되고 고귀한 유형의 자아(Egos)들을 끌어들일 수 있는 조건을 만들고자 노력할 것입니다. 그 사람은 자신의 가정이 세심하게 정돈되고, 위생적으로 청결하며, 조화와 따뜻한 감정, 그리고 사랑과 친절이 넘치도록 할 것입니다. 또한 순수한 정신적·도덕적 분위기를 조성하여, 높은 수준의 자아들을 끌어들이는 자석과 같은 역할을 하도록 만들 것입니다.

이렇게 끌려온 높은 수준의 자아(영혼)들은 두 가지 방식으로 그 가정과 관계를 맺게 됩니다.

* **첫째**, 만약 그 가정에 젊은 부부가 있다면, 새로운 육화(肉化)를 원하는 자아들이 그들의 자녀로 태어날 수 있습니다.

* **둘째**, 이미 육신을 가지고 세상에 살고 있는 자아들이 미래의 남편이나 아내, 친구, 혹은 그 가정의 일원(부양가족)으로서 들어오

게 될 수도 있습니다.

나아가 그 사람은 자신의 힘이 미치는 한, 자신이 사는 도시와 지역, 그리고 국가에도 이와 유사한 조건들을 만드는 데 힘을 보탤 것입니다. 그 사람은 자아들이 자신에게 적합한 환경에 태어나야만 한다는 것을 알며, 따라서 좋은 환경을 제공함으로써 바람직한 유형의 자아(영혼)들을 끌어들일 수 있음을 확신합니다.

3) 생을 넘어 계승되는 능력과 그 계발

한 생애에서 개발된 개별적인 특성들은, 다음 생애에서 그 특성이 가장 잘 발휘될 수 있는 국가나 환경을 선택하는 기준이 됩니다. 예를 들어, 인도 바이샤(상인) 계급에서 구체적이고 실용적인 정신(mind)과 뛰어난 상업적 능력을 개발한 자아는, 이후 미국에 태어나 록펠러와 같은 사업가로 활동할 수 있습니다.

그러나 이 새로운 개체적 자아(personality)는 곧 알게 될 것입니다. 거대한 부는 개인의 욕망이 아닌 국가 전체의 목적을 위해 쓰일 때만 정당화될 수 있으며, 축적된 자산은 공동의 이익을 위해 지혜롭게 분배되어야 한다는 점을요. 이렇게 개체적 자아는 미국이라는 새로운 환경 안에서, 바이샤 계급이 오랜 세월 간직해 온 '국가를 위한 재산 관리'라는 이상을 실현하게 됩니다.

이러한 방식으로, 예전 생애에서 형성된 이상은 새로운 문명 속에서 다시 뿌리를 내리며, 더 넓은 민족과 문화권으로 퍼져 나가게 됩니다.

편집자 노트

재능은 우연의 결과인가?

케이시 파일 연구자인 지나 서미나라 박사는 "어떤 노력도 결코 헛되지 않는다"라고 단언하며, 우리가 매 순간 자신의 미래를 창조하고 그 기초를 닦고 있다고 말한다.

가령, 늦은 나이에 프로그래밍을 배운 사람이 당장 눈에 띄는 성공을 거두지 못하더라도, 실패를 거듭하며 기술로 무언가를 만들어 내려고 노력한 그 경험은 사라지지 않는다. 그 노력이 생과 생을 넘어 계속된다면, 일론 머스크와 같이 기술을 선도하는 혁신가가 될 수 있는 견고한 기초가 된다.

또한 화려한 무대의 꿈 대신, 아이들의 반복되는 피아노 연습을 참을성 있게 지도하는 교사를 생각해 보자. 메트로놈의 단조로운 소리와 지루한 스케일 연습은 그녀의 깊은 의식 속에 정확한 리듬감과 조화로움을 새기고 있는 것이다. 이 노력은 다음 생, 혹은 그다음 생에서 청중을 매료시키는 천재적인 즉흥 연주가로 태어나는 밑거름이 된다.

11. 자신의 운명을 바꾸는 기술

1) 운명을 바꾸기 위한 내면 작업

자기 성찰의 첫 단계는, '자신의 자산 목록'을 의도적으로 점검하는 것입니다. 즉, 자신이 선천적으로 타고난 능력과 자질의 좋고 나쁨, 자신의 강점과 약점, 현재 주어진 기회들, 그리고 실제 환경을 차분히 살펴보는 일입니다.

우리 존재 중에서 가장 빠르게 변화시킬 수 있는 요소는 인격(character)입니다. 그러므로 우리는 이 부분부터 시작해야 합니다. 강화하고자 하는 자질들과, 당면한 위험 요소를 이루는 약점들을 신중하게 선택합니다. 그리고 그 약점들을 하나씩 따로 떼어 내어 다루어야 합니다.

이때 사용하는 주요 도구는 앞서 설명한 것처럼 '생각의 힘'입니다. 여기서 중요한 점은, 약점 그 자체에 집중하는 것이 아니라, 그것에 대응되는 긍정적인 자질을 생각의 대상으로 삼는 것입니다. **즉, 자신이 되고자 하는 모습을 의식적으로 상상하고 생각하는 것입니다. 그리고 그 생각을 꾸준히 지속한다면, 점차적으로 그리고 필연적으로 우리는 그 모습이 되어 갈 것입니다.** 법칙은 결코 실패하지 않으며,

우리가 성공하기 위해 해야 할 일은 그 법칙과 협력하는 것뿐입니다.

욕망으로 이루어진 우리의 본성 역시 생각을 통해 비슷하게 수정될 수 있습니다. 우리는 우리에게 필요한 기회들을 '생각-에너지체(thought-forms)'로 의도적으로 만들어 냅니다. 그런 다음, 우리는 적절한 기회가 나타났을 때 그것을 알아보고 붙잡을 수 있도록 항상 깨어 있어야 합니다. 동시에 우리의 의지력을 우리가 창조한 바로 그 '생각-에너지체'에 집중시켜, 말 그대로 그 기회들을 우리 손이 닿는 곳으로 끌어당깁니다. **이는 과거의 카르마가 우리에게 아직 가져다주지 않은 기회들을, 우리가 문자 그대로 스스로 '만들고' 나서 '붙잡는' 과정입니다.**[29]

---

29 **기회의 생각-에너지체(Thought-Form) 생성법**
본문에서 언급된 '기회의 생각-에너지체'의 생성 원리는 다음과 같다.
① **설계(청사진):** 자신이 원하는 기회의 모습을 마음속에 가능한 한 선명하고 구체적으로 상상한다. 이것이 생각-에너지체의 '형태'가 된다.
② **활성화(에너지 주입):** 다른 모든 잡념을 배제하고, 오직 그 마음속 청사진에만 정신을 온전히 집중한다.
③ **방향 부여(의지 주입):** '반드시 이루겠다'는 강력한 의지의 힘을 그 이미지에 불어 넣어, 생명력과 뚜렷한 목적을 부여한다.
여기서 **핵심은**, 단순히 이 과정을 반복하는 것이 아니라 정신 집중의 '**질(質)과 힘**'이다. 대부분의 생각-에너지체는 힘이 약해 금방 흩어지지만, 스승이나 신비가들이 보여주는 놀라운 능력은 바로 이 차이에서 비롯된다. 훈련된 정신력은 생각-에너지체를 실제로 작동하는 독립적인 '힘'으로 활성화시키며, 이 강력하고 지속적인 집중의 '능력'이야말로 단순한 상상을 현실의 기회로 끌어당기는 핵심 열쇠이다.

우리가 가진 것들 중 가장 바꾸기 힘든 것은 바로 우리의 '환경'입니다. 왜냐하면 환경은 과거의 결과가 응축된 가장 조밀한 물질이기에, 우리의 생각의 힘이 즉각적으로 영향을 미치기 어려운 영역이기 때문입니다. 이 영역에서 우리의 자유 의지는 크게 제약받습니다. 이곳에서 우리는 가장 무력하며, 과거가 남긴 힘은 가장 강력하기 때문입니다. 하지만 완전히 손쓸 방도가 없는 것은 아닙니다. 적극적으로 저항하며 맞서 싸우든, 혹은 지혜롭게 순응하며 받아들이든, 우리는 어떤 식으로든 결국에는 환경을 극복할 수 있기 때문입니다.

우리의 외부 환경 가운데 바람직하지 않은 요소들 중, 의지와 노력을 통해 변화시킬 수 있는 것은 즉시 변화시키기 시작해야 합니다. 반면, 당장 변화시킬 수 없는 요소들은 받아들인 뒤, 그것들이 우리에게 가르쳐 주는 교훈을 배우려 노력해야 합니다. 그리고 그 교훈을 완전히 배운다면, 그것은 낡은 옷처럼 자연스럽게 우리에게서 벗겨질 것입니다.

예컨대, 우리가 바람직하지 않게 여기는 가족이 있다면, 그 가족은 우리가 과거의 원인에 의해 우리 곁으로 끌어들인 자아(Egos)들입니다. 우리는 그들에게 지고 있는 빚을 명예롭게 갚듯, 모든 가족적 의무를 기꺼이 그리고 인내심 있게 수행해야 합니다. 우리는 그들이 우리에게 유발하는 짜증을 통해 인내심을, 반복되는 자극을 통해 인내력을, 그들의 잘못을 통해 용서의 능력을 배우게 됩니다.

조각가가 자신의 도구를 사용해 불필요한 부분을 깎고, 거친 면을 다듬고, 광을 내듯이, 우리 또한 그들을 도구 삼아 우리 내면의 조율되지 않은 부분들을 다듬습니다. 그들이 더 이상 우리에게 유익하지 않게 되면, 환경은 자연스레 그들을 우리 곁에서 옮겨 갈 것입니다. 그리고 고통스럽게 보이는 환경들 또한 마찬가지입니다. 노련한 뱃사람이 바람을 바꾸지 않고 돛의 방향을 바꾸어 항해하듯, 우리는 바꿀 수 없는 환경에 스스로를 적응시켜 그것들이 오히려 우리를 진보시키는 도구가 되게 해야 합니다.

이처럼 우리는 일정 부분은 강제되어 있고, 일정 부분은 자유롭습니다. 우리는 우리가 만들어 낸 조건 속에서, 그리고 그 조건들과 함께 일해야 하지만, 동시에 그것들에 '맞서서' 일할 자유도 지니고 있습니다. 우리 자신인 영원한 영(Spirit)으로서의 자아는 본질적으로 자유롭지만, 우리가 스스로 창조한 생각의 본성, 욕망의 본성, 물질적 본성이라는 통로를 통해서만 활동할 수 있습니다. 이 요소들이야말로 우리의 '재료'이며 '도구'이기 때문에, 우리가 그것들을 새롭게 만들기 전에는 다른 것을 가질 수 없습니다.

2) 운명을 바꾸기 위한 노력

우리가 반드시 기억해야 할 중요한 사실 하나는, 과거의 카르마는 매우 복합적인 성격을 지닌다는 점입니다. 우리는 단일한 방향으로 흐르는 과거의 연속성을 따라가는 것이 아니라, 여러 갈래의 흐름이 얽혀 있는 강을 마주하고 있는 셈입니다. 그중 어떤 흐름은 우리를 돕고, 어떤 흐름은 우리에게 저항합니다. 이처럼 다양한 과거의 작용들이 서로 상쇄되고 나면, 우리 앞에 남는 '실질적인 힘'은 결코 지금의 우리로서는 감당할 수 없는 수준은 아닙니다.

과거의 악한 카르마와 마주할 때 우리는 그것을 극복하기 위해 반드시 노력해야 합니다. 그 악한 카르마는 과거의 단면에 불과하며, 그 외의 또 다른 긍정적 과거들이 지금의 우리를 지지하고 강화합니다. 현재의 노력 또한 이 과거의 흐름에 덧붙여져, 종종 반대 세력을 이겨 낼 만큼의 힘이 될 수 있습니다.

때로 우리는 어떤 기회가 다가왔을 때, 그 기회에 따르는 책임을 감당할 역량이 부족할까 두려워 주저하게 됩니다. 하지만 그 기회는 결코 우연히 온 것이 아닙니다. 그것은 과거의 욕망이 씨앗이 되어, 현재 우리 앞에 열매로 나타난 것입니다. 그러므로 용기와 끈기로 그 기회를 붙잡아야 합니다. 그렇게 나아가다 보면, 그 기회를 실현하려는 우리의 노력은 내면 깊이 잠들어 있던, 우리조차 인식하지 못했던 잠재된 힘들을 일깨울 것입니다. 많은 능력은 이미 과거의 훈련을 통해 준비되어 있으며, 단지 '발현할 기회'만을 기다리고 있습니다.

우리는 항상 '조금 더 높은 목표'를 세워야 합니다. 당장 완전히 이룰 수는 없지만, 손을 뻗으면 닿을지도 모를 만큼의 높이로 말입니다. 그런 목표를 향해 전력을 다해 나아갈 때, 과거의 카르마적 힘들이 우리 편으로 와서 도와줄 것입니다. 어떤 일을 '거의' 해낼 수 있다는 것은, 과거에 이미 그것을 위해 노력한 적이 있다는 증거입니다. 조금이라도 할 수 있다는 사실은 더 크게 할 수 있는 가능성을 품고 있는 것입니다. 설령 실패하더라도, 그 과정에서 최선을 다해 쏟아부은 에너지는 내면에 저장되어 다음 성공의 기반이 됩니다. 오늘의 실패는 내일의 승리를 위한 초석이 될 수 있습니다.

역경 속에서도 마찬가지입니다. 우리는 이미 단 한 걸음만 더 나아가면 성공할 수 있는 지점까지 와 있을지도 모릅니다. 그래서 위대한 비슈마[30]는 언제나 "노력은 운명보다 위대하다"라고 말하며 끊임없는 노력을 권했습니다. 수많은 과거의 시도들이 카르마 속에 응축되어 있으며, 거기에 현재의 노력이 더해질 때 비로소 우리는 목표를 성취할 충분한 힘을 갖게 됩니다.

물론 어떤 경우에는, 과거 카르마의 힘이 너무 강해서 현재의 어떤 노력으로도 그 힘을 완전히 극복할 수 없을 수도 있습니다. 하지만 그럼에도 불구하고, '노력'은 반드시 이루어져야 합니다. 왜냐하면

---

[30] 비슈마(Bhishma): 인도 대서사시 『마하바라타』의 영웅으로, 스스로 한 맹세(운명)에 묶여 비극적인 삶을 살았지만, 주어진 운명에 맞서는 '노력'의 가치를 상징하는 인물이다. "노력은 운명보다 위대하다"는 그의 철학을 대표하는 말이다.

극복할 수 없는 상황인지를 미리 알고 있는 사람은 없으며 설사 극복이 불가능하더라도 그러한 노력 자체가 미래의 카르마를 약화시키기 때문입니다.

이를 이해하기 위해 우리는 화학자의 예를 들 수 있습니다. 화학자는 목표한 결과를 얻기 위해 수년 동안 실험을 반복합니다. 화학자는 수많은 실패를 겪지만, 결코 포기하지 않습니다. 화학자는 화학 원소나 결합의 법칙을 바꿀 수 없다는 것을 알고 있으며, 기꺼이 그 한계를 받아들입니다. 그리고 바로 그 받아들임 속에 '탐구자의 숭고한 인내'가 존재합니다. 오랜 시간의 실험 끝에 화학자의 지식은 점차 축적되고, 마침내 원하는 결과를 얻기에 이릅니다. 카르마를 연구하는 사람도 마찬가지의 자세를 가져야 합니다. 연구자는 피할 수 없는 것들을 불평 없이 받아들이되, 오직 무지가 유일한 한계임을 기억하며, 완전한 지식이 곧 완전한 힘임을 확신하고, 마침내 목표에 도달할 수 있는 길을 끈질기게 찾아 나가야 합니다.

3) 되돌아오는 법칙의 활용

이 법칙의 세계, 즉 작용과 반작용이 정확히 균형을 이루는 이 세계에서는, 우리가 베푼 모든 도움은 반드시 다시 우리에게 되돌아옵니다. 마치 벽에 던진 공이 다시 던진 사람의 손으로 되돌아오듯 말입니다. 우리가 주는 것은 곧 우리에게 돌아오는 것이기에, 심지어 이기적인 동기에서라도 베푸는 것은 가치 있는 일이며, 가능한 한 풍성히 베푸는 것이 좋습니다.

"네 빵을 물 위에 던져라, 그러면 여러 날 후에 다시 찾으리라."(전도서 11장 1절)
성서의 이 구절처럼, 베풂은 반드시 되돌아옵니다.

설령 처음에는 계산된 마음에서 비롯된 베풂일지라도 그 베풂이 불러일으킨 사랑은 점차 자발적이고 이타적인 행동으로 성장하게 됩니다. 이로써 사랑은 카르마적인 유대를 형성하여, 장구한 생애 동안 자아와 자아를 이어 주며 함께 돌아올 생을 보장합니다.
"가난한 자를 불쌍히 여기는 자는 주께 빌려주는 것이니, 그 사람이 내놓은 것을 주께서 갚아 주시리라"(잠언 19장 17절)

사랑이든 미움이든, 모든 개인적 유대는 과거에서 비롯된 것입니다. 우리는 매 생에서 이런 유대를 더욱 강화시키며, 결국 혈연이 아닌 진정한 의미의 가족을 형성합니다. 우리는 오래된 유대를 더욱 단단히 하기 위해 다시 이 지상에 돌아오는 것입니다.

편집자 노트

편집자에게 깊은 영향을 준 『신과 나눈 이야기』에서, 신(God)은 세속적인 바람을 성취하는 방법에 대해 다음과 같이 말한다.

"네가 자신을 위해 바라는 것이 무엇이든, 그것을 타인에게 먼저 주어라.
네가 행복해지기를 원한다면, 다른 사람을 행복하게 만들어라.
네가 풍요로워지기를 원한다면, 다른 이를 풍요롭게 하라.
네가 삶에서 더 많은 사랑을 원한다면, 다른 사람들이 그들의 삶에서 더 많은 사랑을 누리게 하라.

진심으로 그렇게 하라.
사리사욕을 채우기 위해서가 아니라, 타인의 행복과 풍요, 사랑을 진심으로 원하기 때문에 그렇게 하라.
그러면 네가 베푼 모든 것이 결국 네게 되돌아올 것이다.[31]"

이처럼 세속적인 성취와 풍요를 이루는 길은 곧 "너는 곧 나다(You are me)"라는 진리를 실천하는 데 있다. 즉, 내가 풍요로워지기를 바란다면 먼저 타인을 풍요롭게 만드는 것이 필요하며, 이것이 바로 하늘, 곧 카르마의 법칙이다.

---

31 닐 도날드 월쉬, 『신과 나눈 이야기(합본)』, (조경숙 역, 아름드리미디어, 2021), pp. 43-44

4) 현재의 기회와 과거의 인연

또 하나 매우 중요한 사실은, 우리는 과거 생에서 인연을 맺었던 사람들을 다시 만나게 된다는 것입니다. 어떤 이들에게는 우리가 빚을 지고 있고, 어떤 이들은 우리에게 빚을 지고 있습니다. 누구도 혼자 걷는 순례자는 아닙니다. 오랜 진화의 여정 속에서 수많은 자아(Egos)들과 얽혀 온 인연의 끈들이 현재의 삶에서도 다시 우리를 둘러쌉니다.

어쩌면 과거에 우리는 우리보다 훨씬 앞서 진화한 존재를 알았고, 그 존재에게 어떤 방식으로 봉사함으로써 카르마적 유대가 형성되었을 수 있습니다. 그런 유대는 현재 그 존재의 활동 영역으로 우리를 끌어당기며, 우리는 우리의 의지를 넘어선 외부적 힘의 부름에 응답하게 됩니다.

신지학회 내에서도 이러한 카르마적 연결이 실제로 작용하는 많은 예를 볼 수 있습니다. 아주 오래전, 마스터 K. H.께서는 전쟁 중 포로가 되셨지만, 한 고위 이집트인에게서 관대하고도 보호받는 도움을 받으셨습니다. 수천 년이 흐른 뒤, 신지학회가 태동할 즈음 도움이 필요해졌고, 마스터께서는 인도를 둘러보시다가 과거 그 이집트인인 이번 생에서는 A. P. 시네트 씨를 다시 만나십니다. 당시 시네트 씨는 주요 영국-인도 신문인 『파이오니어』의 편집자였습니다. 시네트 씨는 심라로 향했고, 블라바츠키 부인 또한 그곳으로 이끌리며 두 사람 사이에 새로운 연결이 형성됩니다. 이후 시네트 씨는 마스터의 가르침을 직접적으로 받으며, 『오컬트 세계』와 『비전 불교의 가르침』의 저자가 되어 수천 명에게 신지학의 메시지를 전달하게 됩니다.

이처럼 과거의 봉사는 훗날 더 높은 차원에서, 더 넓은 범위로 다시 봉사할 수 있는 권리로 돌아옵니다. 동시에, 우리는 그러한 봉사로 형성된 '오래된 우정의 유대'에 의해 지지를 받습니다. 오래된 우정의 유대는 마치 지식이라는 가장 귀중한 선물로 보답받는 왕과 같은 행운입니다. 한 사람이 얻은 지식이 수많은 이들에게 나누어지게 되는 것입니다.

12. 공동의 운명, 집단 카르마

1) 보이지 않는 공동의 책임

이 간략한 고찰을 마치기 전에, 우리는 집단 카르마에 대해서도 살펴볼 필요가 있습니다. 집단 카르마란, 크든 작든 하나의 집단이 만들어 내는 공동의 생각, 욕망, 그리고 행위가 얽혀 형성된 복합적인 작용을 의미합니다. 작용 원리는 개인 카르마와 동일하지만, 수많은 요소들이 동시에 작용하기 때문에 결과를 이해하는 데 훨씬 더 복잡한 면이 있습니다.

현대 과학에서도 "집단을 더 큰 유기체로 간주하는 시각"은 낯선 개념이 아닙니다. 가족, 국가, 하위 인종, 인종 등은 모두 하나의 '더 큰 개체'로 볼 수 있으며, 이들 역시 과거를 지니고 있고, 현재는 창조자이며, 미래를 향해 나아가고 있습니다. 이러한 집단 안에 태어난 자아는 해당 집단의 카르마를 함께 나누게 됩니다. 각 자아는 그곳에 속하게 된 개인적인 카르마에 따라 그 집단으로 이끌려 왔으며, 그 속에서 자신이 지닌 업을 해소하게 됩니다.

더 큰 집단 카르마는 때때로 개별 카르마가 작용할 수 있는 기반을 제공하기도 합니다.

2) 가족, 작은 운명 공동체

이제 가족이라는 단위를 중심으로 집단 카르마를 살펴봅시다. 가족은 고유한 생각-분위기(thought-atmosphere)를 가지고 있습니다. 여기에는 세대를 거쳐 내려오는 전통과 습관, 세상을 바라보는 시각, 과거에 대한 자부심, 가족 명예에 대한 강한 의식 등이 포함됩니다.

새로운 구성원이 태어나 이 환경에 들어오면, 새로운 구성원의 생각-에너지체는 이 집단 분위기에 크고 작은 영향을 받습니다. 이런 조건들은 수백 년에 걸쳐 축적되어 왔으며, 새로운 구성원은 의식적으로든 무의식적으로든 이 분위기에 의해 생각과 욕망, 행위 양식을 형성하게 됩니다.

만약 어떤 경향이 가족의 전통과 충돌한다면, 그 경향은 종종 인지되지 않은 채 억눌리게 됩니다. "그런 건 우리 집안 사람이 할 일이 아니야"라는 말이 상징하듯, 유혹조차도 발현되기 전에 억제되어, 내면에 있던 악의 씨앗은 움트지도 못한 채 시들어 버릴 수 있습니다.

이처럼 긍정적인 가족 카르마는 개인에게 발달할 기회를 제공하고, 삶의 투쟁에서 이점을 안겨 주며, 성공을 위한 길을 넓혀 줍니다. 그런데 개인은 어떻게 이런 유리한 조건 속에 태어나게 되었을까요? 그것은 아마도 그 가족 구성원 중 누군가와의 깊은 인연인 이전 생에서의 봉사, 애정, 지속되지 않은 유대 덕분일 수 있습니다. 그러한 인연은 개인을 그 가족 안으로 끌어들이는 끈이 되어, 개인은 그 가족이 과거에 쌓은 집단적 카르마의 결실을 함께 나누게 됩니다.

이와 반대로, 만일 그 가족의 카르마가 부정적인 것이라면, 그 안에 태어난 사람은 이점이 아니라 고통을 겪게 될 것입니다. 이전 사례에서 집단의 카르마가 한 사람의 행복을 증진시켰다면 이 경우에는 그 사람의 발전을 저해할 것입니다.

이 두 경우 모두, 개인은 보통 자신이 지닌 성향이나 특성을 온전히 발휘하거나 다듬기 위해, 그에 걸맞은 환경을 가진 가족 안으로 태어나게 됩니다. 그 환경이 유익하든 유익하지 않든, 그것은 그의 내면이 요구한 조건일 수 있습니다.

다만 예외적으로, 과거에 맺은 강한 인연이나 특별한 봉사 행위가 있었던 경우, 원래는 그에 걸맞은 자격이 없더라도 특별한 기회를 얻게 될 수 있습니다. 예를 들어, 과거에 자신이 도움을 준 수혜자가 속한 가족의 일원으로 태어나게 되는 것입니다. 이는 일반적인 공덕의 축적이 아니라, 특정한 과거 행위 하나가 만든 귀한 선물인 셈입니다.

3) 국가적 거대한 운명의 흐름

국가의 집단 카르마에 대해 생각해 봅시다. 이 거대한 힘 앞에서 한 명의 사람은 상대적으로 무력합니다. 그 한 명의 사람이 어떤 행동을 하더라도 그 영향권에서 벗어날 수는 없습니다. 그러므로 그 사람에게 주어진 상황 속에서 최선을 다해 조화를 이루며 살아가야 합니다. 심지어 스승(Master)조차도 국가 카르마 전체를 바꾸지는 못하고, 다만 그 흐름을 약간 수정하거나 국가적 분위기에 일부 영향을 미칠 수 있을 뿐입니다.

국가의 흥망성쇠는 바로 이러한 집단 카르마의 산물입니다. 고귀하거나 저속한 사상에서 비롯된 국가적 행위(정의로운 행동이든, 집단적 범죄이든)는 대개 그 국가가 지닌 이상에 의해 결정되며, 결국 국가의 부흥 혹은 쇠퇴로 이어집니다. 예를 들어, 스페인의 종교재판, 유대인과 무어인의 추방, 멕시코와 페루를 정복하는 과정에서 자행된 잔혹 행위들은 모두 집단적 범죄였으며, 이로 인해 스페인은 한때 찬란했던 권력을 잃고 상대적인 무력함에 빠지게 되었습니다.

지진, 화산 폭발, 홍수 같은 지각 변동이나 기근, 역병 같은 대재앙 또한 집단 카르마의 표현일 수 있습니다. 이러한 현상들은 단순히 자연현상이 아니라, 개인들의 생각과 행동이 오랜 시간에 걸쳐 집단적으로 누적되면서 형성된 거대한 에너지 흐름의 결과일 수 있습니다.

국가 역시 오랜 역사 속에서 형성된 고유의 정신적 분위기인 전통, 관습, 관점 등을 지니고 있으며, 이 분위기는 그 국가의 모든 구성원에게 깊은 영향을 끼칩니다. 대부분의 사람은 자신이 속한 국가의 시각에서 벗어나, 객관적으로 또는 타국의 관점에서 사안을 보는 데 어려움을 겪습니다. 그 결과, 국제적 오해와 갈등, 잘못된 평가와 의심, 왜곡된 판단이 빈번하게 발생합니다.

특히 이탈리아인과 터키인처럼 서로 다른 인종적 배경을 지닌 국가들 간에는 이런 생각-분위기의 차이가 더욱 큰 어려움을 야기합니다. 과거의 오랜 분열과 불신이 무의식적 편견으로 남아 전쟁으로까지 이어지는 일도 많았습니다.

카르마를 아는 사람은 이러한 상황에서 자신이 지닌 생각과 감정이 단지 그 자신의 것이 아니라 국가라는 더 큰 개체의 영향을 받은 것임을 자각하고, 편견을 최대한 자제해야 합니다. 나아가 적대적 국가의 관점에서도 사안을 바라보며 균형 있는 이해에 이르도록 노력해야 합니다.

만약 어떤 사람이 패배한 국가의 구성원으로서, 국가적 카르마에 의해 강제된 상황에 놓여 있다면, 그 사람은 먼저 자신의 국가가 왜 그런 운명을 맞이했는지를 차분히 분석하고, 그 원인을 바로잡기 위한 길을 모색해야 합니다. 나아가 여론을 변화시키고 보다 건설적인 방향으로 공동체를 이끌어 가기 위해 힘써야 합니다.

4) 재난과 집단 카르마

지진과 같은 재앙이나 다른 국가적 재난들을 초래하는 카르마는, 그 거대한 흐름 속에 수많은 사람들을 포함합니다. 이 사람들의 특별한 카르마 안에는 갑작스러운 죽음, 질병, 또는 장기적인 육체적 고통이라는 요소가 들어 있습니다.

흥미롭고도 교훈적인 사실은, 이러한 재앙의 현장에서 어떤 이들은 '기적적으로' 벗어나는 반면, 어떤 이들은 불가사의하게 그 장소로 이끌린다는 점입니다. 지진으로 많은 사람들이 목숨을 잃는 상황에서도, 전보나 긴급한 업무로 인해 자리를 비워 극적으로 생존하는 이들이 있는가 하면, 반대로 어떤 사람들은 마침내 죽음을 맞이할 정확한 시간에 그 장소로 가게 되는 경우도 있습니다. 만약 이끌림 자체가 불가능했다면, 때로는 무너지는 건물의 돌을 막아 주는 기둥과 같은 우연한 요소가 그 사람을 보호해 주기도 합니다.

이처럼 자연재해가 임박한 시점에는, 그에 상응하는 카르마를 지닌 사람들이 적절한 시간에 해당 장소에 모이게 됩니다. 존스타운(펜실베이니아)의 홍수, 샌프란시스코의 대지진과 화재 등이 그 예입니다. 인도 북부에서 발생한 지진의 경우, 몇몇 사람들은 마치 무언가에 이

끌리듯 그곳으로 돌아왔다가 죽음을 맞이하기도 했습니다. 반면, 어떤 이들은 그 전날 밤 그 지역을 떠나 살아남기도 했습니다.

이처럼 지역적 재난은, 특정한 유형의 카르마를 해소하는 수단이 되기도 합니다. 예를 들어, 어떤 사람이 기차를 타기 위해 가던 중 마차가 도로 정체로 멈춰 서게 되며, 결국 기차를 놓칩니다. 그 사람은 분노하지만, 그 기차는 사고로 파괴되었고, 그 사람은 목숨을 건졌습니다. 도로 정체는 그 사람의 분노를 유발하려고 있었던 것이 아니라, 그의 생명을 지키는 수단으로 활용된 것입니다.

메시나의 대재앙에서도, 죽을 운명이 아니었던 몇몇 사람들은 며칠 뒤 구조되었습니다. 몇몇 경우에는 심령(astral) 존재가 가져온 음식 덕분에 생명을 유지한 일도 보고되었습니다. 난파선에서도 마찬가지입니다. 누가 살아남고, 누가 목숨을 잃는지는 전적으로 그 사람의 카르마에 달려 있습니다.

때로는 어떤 자아(Ego)가 '갑작스러운 죽음'이라는 유형의 카르마적 빚을 갖고 있지만, 그 빚이 이번 생에서 반드시 갚아야 할 항목에는 포함되어 있지 않을 수도 있습니다. 그러나 집단 카르마로 인해 발생한 사고 현장에 자아가 존재하게 되면서, "예정보다 이른" 시점에 그 빚을 갚을 수 있는 기회가 주어집니다. 자아는 이 기회를 받아들여 카르마를 소멸하기로 선택하며, 그 자아의 몸체(body)는 다른 이들과 함께 사라집니다.

5) 집단 카르마의 흐름 속 개인의 역할

국가 환경과 관련하여, 카르마를 아는 사람은 자신이 태어난 국가의 조건을 주의 깊게 관찰하여, 자신이 주로 결핍된 자질을 개발하기 위해 태어났는지, 혹은 이미 잘 발달된 자질로 국가에 기여하기 위해 태어났는지를 판단해야 합니다. 전환기의 시기에는, 국가가 당면한 새로운 조건에서 요구되는 자질을 지닌 수많은 자아(Egos)들이 그곳에 태어나게 됩니다.

예를 들어, 머지않아 경쟁을 협력으로 대체할 영연방의 새 질서를 이끌 미국에는, 막강한 조직력, 고도로 단련된 의지력, 그리고 예리한 상업적 지성을 지닌 수많은 자아들이 화신하였습니다. 그 자아들은 경쟁을 극복하고 생산과 유통을 조정하며, 수요를 충족시키되 과잉 공급하지 않는 경제적 합리를 실현하면서, 강력한 능력으로 구축된 산업조직인 트러스트(Trusts)를 창조했습니다. 이렇게 하여 그 자아들은 협동을 통한 생산과 분배의 길을 열었고, 보다 행복한 미래를 위한 기반을 닦았습니다.

곧, 개인적 이익보다 국가 전체의 복지를 더 큰 자극으로 인식하는 자아들이 태어나게 될 것이며, 그 자아들이 이 전환 과정을 완성하게 될 것입니다. 한 무리는 개인주의적 힘을 응축하였고, 또 다른 무리는 그러한 힘들을 공동선을 위해 사용할 것입니다.[32]

이처럼 환경은 카르마의 지배를 받으며, 그 법칙에 대한 인식을 통해 우리는 원하는 환경을 능동적으로 창조할 수 있습니다. 일단 환경이 형성되면, 그 환경은 당분간 우리를 제약하겠지만, 그 환경의 본질이 어떠한가는 우리가 결정할 수 있습니다. 미래의 환경에 대한 힘은 지금 이 순간 우리의 손에 달려 있습니다. 왜냐하면 미래 환경을 형성하는 씨앗은 현재 우리의 행동이기 때문입니다.

6) 국가의 카르마와 이상의 힘

(1) 인도의 카르마, 과거의 억압과 현재

최근 말라바리 씨가 발행한 신문 『동과 서』(East and West)에 실린 한 글은 국가 카르마를 어떻게 해석해서는 안 되는지를 보여 주는 사례였습니다. 그 글은 인도의 카르마가 '정복당하는 운명'이라고 주

---

32 이 내용은 미국 '진보주의 시대(약 1890-1920)'의 사회상을 신지학의 관점으로 해석한 것이다. 당시 록펠러 같은 거대 기업가들이 세운 '독점 기업'을, 베전트는 카르마적 진화의 첫 단계로 보았다. 즉, 뛰어난 능력을 지닌 '첫 번째 무리'의 자아들이 개인주의를 통해 효율적인 시스템을 구축하면, 이후 '두 번째 무리'의 자아들이 육화해 그 시스템을 개인의 이익이 아닌 '공동선'을 위해 사용하여 사회를 '경쟁'에서 '협력'의 단계로 이끌 것이라는 예언이다.

장하며, 인도는 이를 받아들이고 기존 질서를 바꾸려 해서는 안 된다고 결론지었습니다.

표면적으로는 사실처럼 보일 수 있습니다. 인도의 정복은 실제로 발생했기 때문입니다. 그러나 이러한 논리는 위험하며 잘못된 것입니다.

카르마에 대해 올바르게 아는 사람이라면 이렇게 말할 것입니다. 인도인들 또한 한때 이 땅의 정복자였습니다. 그들은 중앙아시아에서 남하하여 원주민들을 지배하고, 원주민들을 노예로 삼았습니다. 수천 년에 걸쳐 인도인들은 그들 나름의 국가 카르마를 형성해 왔습니다. 그들은 피지배 부족을 억압하고 착취했습니다. 그 결과로 형성된 부정적 카르마는 이후 그리스, 무굴, 포르투갈, 네덜란드, 프랑스, 영국 등의 침략을 불러들였습니다.

이러한 고통의 역사는 아직 끝나지 않았습니다. 오늘날 수백만의 불가촉천민은 과거에 가해진 집단적 억압의 증거로 남아 있습니다. 이제 인도는 스스로의 자유를 요구하고 있으며, 동시에 과거의 악행에 대한 속죄도 필요합니다. 불가촉천민들에게 사회적 자유와 더 높은 지위를 부여하고, 진심 어린 회복과 화해의 노력이 있어야 합니다.

국가 전체가 이 악을 뿌리 뽑기 위해 힘을 합쳐야 하며, 그때 비로소 인도는 국가 카르마를 정화하고 진정한 자유의 기반을 마련할 수 있을 것입니다. 억압으로 형성된 부정적 카르마를 존중과 고양의 카르마로 바꾸어야만, 그 카르마는 인도의 자유를 방해하지 않고 오히려 그것을 실현하는 힘이 될 것입니다.

"이러한 변화는 가능하며, 이미 시작되고 있습니다. 성장이 필요한 존재들에게 친절히 대하고 존중하는 말 한마디는, 그들을 위한 집단 감정의 전환에 기여합니다."

한편, 개인적인 카르마에 의해 현재 인도에서 살아가게 된 모든 사람들 역시 이러한 현실을 받아들여야 합니다. 동시에, 잘못된 현실을 바꾸기 위해 가능한 모든 노력을 기울여야 합니다.

국가 카르마 역시 개인적인 카르마처럼 변화될 수 있습니다. 다만, 국가 카르마는 더 오래된 원인에서 비롯되었기 때문에, 결과를 수정하려면 더 긴 시간이 필요합니다. 새로운 원인을 도입함으로써만, 과거의 결과는 서서히 변화될 수 있습니다.

(2) 영국의 카르마, 식민주의의 업보

영국과 같은 식민지 개척 국가는, 식민지를 정복하고 정착하는 과정에서 원주민 부족들을 몰아내며 종종 극심한 잔혹 행위를 저질렀습니다. 수천 명이 정복과 정착 과정에서 조기에 생명을 잃었고, 이들은 영국에 대해 집단적인 카르마적 청구권을 갖게 되었습니다. 이 과정에서 발생한 부채는 단순히 개별 행위자에게만 해당되는 것이 아니라, 민족 전체의 책임으로 남게 됩니다.

이렇게 목숨을 잃은 자아(Egos)들은 그 빚을 회수하기 위해 영국으로 다시 끌려오고, 빈민가에서 태어나게 됩니다. 그들은 타고난 범죄성, 도덕성 결여, 정신적 결함 등을 가진 인구 집단을 형성합니다. 이전 생에서 이 자아들의 존재를 폭력적으로 종결시킨 영국의 부채는, 이 생에서는 교육과 훈련을 통해 갚아야 합니다. 이는 그들이 타고난 야만성을 벗어나 진화의 길을 앞당길 수 있는 수단이 될 것입니다.

(3) 프랑스 혁명, 사회적 불평등의 결과

부유한 계층이 가난하고 비참한 이들에게 보이는 집단적인 이기심과 무관심은, 그들을 인간의 존엄성을 파괴하고 악을 유발하는 환경에서 곪아 터지도록 내버려두는 결과를 낳습니다. 바로 이러한 행위가 결국 사회 문제와 노동 불안, 그리고 위협적인 세력의 결집이라는 업보가 되어 그들 자신에게 되돌아오는 것입니다. 루이 14세와 루이 15세 치하의 프랑스에서 절정에 이른 이러한 이기심과 무관심은, 결국 프랑스 혁명이라는 파괴적 반작용을 일으켜 왕권과 귀족 계급을 무너뜨리는 직접적인 원인이 되었습니다.

(4) 국가적 숭고한 이상의 힘

신지학은 카르마의 법칙이 개인의 삶은 물론, 국가의 역사 속에서도 동일하게 작용한다는 사실을 우리에게 가르쳐 줍니다. 따라서 우리는 이 법칙을 올바르게 이해하고, 그것을 바탕으로 국가의 복지와 번영을 이끄는 힘이 되어야 합니다. 이때 **가장 강력한 카르마적 원인은 바로 '생각의 힘'이며, 그것은 개인에게든 국가 전체에든 똑같이 영향을 미칩니다.**

국가가 숭고한 이상을 확고히 유지할 때, 가장 강력한 카르마적 힘이 작동합니다. 왜냐하면 수많은 사람들의 생각이 그러한 이상에 지속적으로 집중되고, 날마다 새로운 정신적 에너지가 그 이상에 유입되기 때문입니다.

여론은 이러한 정신적 흐름에 따라 변화하며, 반복적으로 찬양받는 이상은 자연스럽게 재현되고 강화됩니다. 이처럼 축적된 생각의 힘은 저항할 수 없는 영향력을 가지게 되어, 결국 국가 전체를 더 높은 수준으로 끌어올리는 결과를 가져옵니다.

카르마를 이해한 사람은 자신이 딛고 있는 기반과 그 방법을 확신하며, 선법(善法)을 신뢰하고 의식적이고도 의도적으로 행동할 수 있습니다. 그렇게 삶을 실천함으로써, 카르마를 이해한 사람은 진화 속에서 작용하는 신성한 의지(Divine Will)와 자각적으로 협력하게 되며, 그 결과 깊은 평온과 끝없는 기쁨으로 충만해집니다.

편집자 후기
자신의 운명을 지배하는 법

이 책의 마지막 장을 덮으며, 마음속에는 아마도 하나의 질문이 맴돌고 있을지 모릅니다. '나의 삶은 과연 바뀔 수 있는가?'

우리는 때로 보이지 않는 벽에 갇힌 듯한 무력감을 느끼고, 노력해도 좀처럼 나아지지 않는 현실 앞에서 좌절하며, 왜 나에게만 이런 시련이 닥치는지 세상을 원망하기도 합니다. 이러한 막막함은 특히 우리 사회에서 더욱 첨예하게 느껴집니다. 우리는 좋은 대학, 안정된 직장, 사회적 성공이라는 목표를 위해 실로 엄청난 시간과 에너지를 쏟아붓습니다. 그러나 그 모든 노력이 반드시 원하는 결과로 이어지지 않는 불확실성 속에서, 우리는 종종 운명이라는 거대한 힘 앞에 무력한 존재가 아닌가 하는 깊은 회의에 빠지곤 합니다.

그러나 이 책이 전하는 가장 위대한 진실은, 바로 그 관점을 송두리째 뒤바꾸는 데 있습니다. 우리의 삶은 외부의 조건이나 불합리한 운명에 의해 결정되는 것이 아니라, 수많은 생애에 걸쳐 우리 자신이 무의식적으로, 그러나 너무나도 정밀하게 쌓아 올린 내면세계의 완벽한 반영이라는 것입니다. 지금 마주한 현실이 과거 행위의 피할 수 없는 결과라면, 바로 그 현실 안에 미래를 완전히 바꿀 수 있는 비밀의 열쇠가 숨어 있다는 뜻이기도 합니다.

이 진실을 깨달을 때, 우리는 비로소 가장 근본적이고 확실한 투자처를 발견합니다. 그것은 외적인 조건을 바꾸기 위해 발버둥 치는 노력이 아니라, 그 모든 조건을 창조하는 근원에 투자하는 것입니다. 바로 이것이 다른 어떤 외적인 투자보다 확실하고 강력하게 성공의 기반을 닦는 길일 것입니다.

이 편집자의 글은 바로 그 위대한 여정을 시작하려는 독자들을 위해 정리한 내용으로 우리는 먼저 생각이 어떻게 현실이 되는지, 그 보이지 않는 운명의 동력을 정확히 이해해야 합니다. 그래야 그 지식을 바탕으로, 우리 손에 주어진 창조의 힘을 사용하여 새로운 운명을 빚어내는 구체적인 방법을 알 수 있을 것입니다.

카르마는 우리를 가두는 감옥이 아닙니다. 그것은 우주에 내재된 질서이자, 우리가 활용할 수 있는 힘이며, 우리 손에 주어진 창조의 가능성입니다.

1. 운명의 작동 원리

우리의 운명을 결정짓는 가장 근본적인 힘은 다름 아닌 우리 자신의 생각과 욕망(감정)입니다. 사람들은 흔히 생각을 그저 스쳐 가는 감정이나 추상적인 개념으로 취급하지만, 실상 생각은 우주적 정신 물질로 구성된 살아 있는 에너지 구조물입니다. 우리의 생각이 다차원 우주에서 어떻게 구체적인 형상을 이루고, 그것이 다시 물질 현실의 사건과 운명으로 펼쳐지는지 이해하는 것은 삶의 주인이 되는 첫 걸음입니다. 이제 생각이 현실을 창조하는 메커니즘을 정리해 보겠습니다.

1) 생각의 힘과 생각 에너지체의 생성

인간의 모든 생각과 욕망(감정)은 하나의 창조 행위입니다. 우리는 생각할 때마다 미묘한 정신 물질을 사용하여 독립된 생명체를 탄생시키는데, 이를 생각의 에너지체(thought-form)라고 부릅니다. 이 생각 에너지체는 자신의 생각이 빚어낸 에너지체이며, 고전 신지학 문헌들에서는 때로 "인공 정령"이나 "엘리멘탈(elemental)"이라고도 표현되어 왔습니다. 다시 말해, 생각 에너지체란 생각으로 만들어낸 다차원 우주의 생명체인 것입니다.

생각 에너지체의 생성 과정은 단계적으로 일어납니다. 먼저 우리가 마음속에 떠올린 생각의 이미지는 이 물질계와 중첩해 있는 정신 차원(정신계)에서 정신 차원의 물질로 된 형체를 형성합니다. 이 초기의 정신 형체는 아직 우리의 의식과 분리되지 않은 상태이지만, 잠재적으로 독립 활동이 가능한 존재입니다. 다음으로 이 정신의 형체(이미지)는 하위 차원인 심령계에서 그 순간 품은 감정이나 욕망의 물질(에너지)과 결합합니다. 예를 들어 사랑의 생각을 했다면 그 형체는 아름답고 조화로운 색채의 심령 물질을 자석같이 끌어당겨 자신의 몸을 삼고, 증오의 생각이라면 어둡고 불협화음적인 탁한 색채의 물질을 끌어들입니다.

투시 능력을 지닌 이들의 보고에 따르면, 이러한 과정에서 생성된 생각 에너지체는 마치 색채과 형체가 있는 구름처럼 보이며, 그 색과 모양은 생각의 성질에 따라 놀랄 만큼 다양합니다. 가령 격렬한 분노는 강렬한 적색의 번쩍임을 동반하고 날카로운 가시 모양을 띤 위험한 형태를 만들고, 사랑과 같은 고귀한 감정은 부드러운 장밋빛이나 황금빛 구름 같은 보호적인 형체를 만듭니다. 실제로 어머니의 간절한 사랑의 기도는 아들 주위를 맴돌며 천사 형상의 에너지체로 작용해, 아들이 자신의 생각으로 끌어들인 악영향을 물리칩니다.

만약 어떤 사람의 생각이 순수한 사랑이나 이타심에서 비롯되었다면 그 순수한 사랑과 이타심이 그 생각의 에너지체의 영혼으로서 작용합니다. 이렇게 형성된 존재는 심령계에서 자애롭고 이로운 독립체로 기능하며, 그 생각이 향한 대상에게 보호와 선한 작용을 미칩니다. 반대로 이기적 동기나 악의, 복수심에서 나온 생각이라면 그것이 그 생각 에너지체의 영혼이 되어 그 생각 에너지체는 파괴적이고 해로운 성격이 됩니다. 예를 들어 격노에 찬 생각은 짙은 붉은 색의 섬광을 발하며, 이 에너지체는 공격적이고 위험한 존재로 변합니다. 이런 식으로 만들어진 사나운 생각의 형체들은 때로 주변을 맴돌며 타인에게 해로운 악영향을 미칠 수 있습니다.

이처럼 우리의 생각 하나하나는 보이지 않는 차원에서 빛과 색과 소리를 띤 에너지 생명체를 창조하여, 선이면 선의 "천사"를, 악이면 악의 "악마"를 만들어 내는 셈입니다. 한 번 생성된 생각 에너지체는 나름의 수명과 영향력을 가지고 활동합니다. 그 생명력의 지속 시간은 크게 두 가지에 좌우되는데, 첫째는 처음 그 생각을 할 때 우리가 부여한 에너지의 강도와 선명도이고, 둘째는 생성된 후에 동일한 생각이 반복됨으로써 추가 공급되는 심령적 영양분입니다. 우리가 강렬하고 뚜렷하게 생각할수록 보다 정교하고 강력한 에너지체가 만들어지며, 그렇게 만들어진 생각 에너지체는 더 오래 살아남아 멀리까지 영향을 미칩니다. 반면 흐릿하고 산만한 생각은 힘이 약한 작은 형체를 만들고 곧 사라지기 쉽습니다. 한편 의식적으로 훈련된 마음은 무의식적으로 산란한 마음보다 훨씬 정제된 파동을 내므로, 숙련된 수행자가 내보낸 생각 에너지체는 일반인의 것보다 훨씬 크고 강력하게 현실에 작용합니다.

이러한 생각 에너지체들은 다차원 우주를 떠다니며 끊임없이 우리 주변 공간에 영향을 주고 있고, 결국 우리 삶과 타인에게도 실질적인 결과를 낳게 됩니다. 여기까지 살펴본 대로, 생각은 더 이상 막연한 것이 아니라 에너지적 실체로서 존재합니다. 그리고 우리는 살아가는 내내 수많은 생각 에너지체들을 주변으로 퍼뜨리고 있습니다. 달리 말하면, 우리는 자신이 만들어 낸 에너지 생명체들로 이루어진 세계 속에서 살아가고 있는 것입니다. 중요한 것은 이러한 원리를 깨닫고 책임 의식을 가지는 일입니다. 우리의 생각 하나하나가 세상에 "보이지 않는 손길"을 뻗치며 선이나 악의 결과를 초래한다는 사실을 이해하면, 함부로 부정적인 생각과 감정을 내보낼 수 없을 것입니다. 실제 신지학이 가르치는 윤리 중 상당 부분은 바로 이 생각의 에너지체 창조와 방향에 대한 통찰에서 나옵니다. "인간은 자신의 마음으로 천사와 악마를 만들어 세상에 보내며, 그 영향에 대해 반드시 책임지게 된다"라는 가르침은, 우리가 왜 바르게 생각해야 하는지에 대한 설득력 있는 근거 중 하나입니다.

2) 자신의 인격 형성의 원리

우리의 모든 생각 에너지체는 보이지 않는 에너지의 끈으로 창조자인 우리 자신과 연결되어 있습니다. 그리하여 그것들은 한동안 우리로부터 독립적으로 활동하다가, 자신에게 주어진 에너지를 다 쓰면 반드시 창조주인 우리에게 돌아오게 마련입니다. 이 되돌아옴의 작용이야말로 카르마가 운명에 작용하는 핵심 원리 중 하나입니다. 우리가 방출한 생각이나 감정이 언젠가 되돌아와 자신에게 영향을 미친다는 것은 업보(業報)에 대한 종교적 비유가 아니라 실상 에너지의 작용 법칙입니다. 리드비터와 같은 투시력자들의 관찰에 따르면, 강렬한 증오의 생각이 목표한 상대와 공명하지 못할 경우 마치 강력한 자력에 따라 이끌리듯 생성자에게 되돌아온다고 합니다. 반대로 선한 기도나 축복의 생각도 마찬가지입니다. 만약 그 대상이 그 생각과 공명하지 못할 경우 그 선하고 축복의 에너지 또한 고스란히 되돌아와 생성자의 삶에 축복으로 작용한다고 합니다. 이러한 생각의 부메랑 효과는 우리가 만든 원인이 결국 자신에게 돌아온다는 카르마 법칙을 선명하게 보여 줍니다.

또한 생각 에너지체가 그 에너지체의 생성자에게 돌아올 때는 그냥 오는 것이 아니라, 특정한 인상(impulse)을 심어 주며 돌아옵니다. 다시 말해, 그 생각의 에너지체는 우리 내면에 "동일한 생각을 다시 하라"라는 신호를 보냅니다. 우리가 한 번 만들어 낸 분노의 에너지체는 돌아올 때 우리의 의식 속에 다시금 분노를 불러일으킬 충동을 일으키고, 친절의 에너지체는 다시금 친절한 마음을 일으키도록 자극합니다. 이렇게 해서 우리가 그 자극에 반응하여 똑같은 종류의 생각을 반복하게 되면, 해당 에너지체는 처음보다 더욱 강화됩니다.

이와 동시에 우리의 의식 속에는 특정 방향으로 에너지가 흐르기 쉬운 통로가 형성됩니다. 마치 물이 여러 번 흐르면 도랑이 깊어지듯, 생각의 반복은 우리 정신에 일정한 진동의 길을 내는 것입니다. 이것이 바로 '생각 성향'의 형성 원리입니다.

예를 들어 부정적이고 비관적인 사고패턴에 해당하는 생각 에너지체들을 오랫동안 반복해서 만들어 냈다면, 그 에너지들은 돌아올 때마다 더 큰 비관의 충동을 우리 마음에 심어 줄 것입니다. 그 결과 우리는 갈수록 작은 일에도 쉽게 비관하거나 스스로를 부정적으로 여기는 성향을 갖게 됩니다. 반대로 용기 있고 긍정적인 생각을 꾸준히 품어 내면, 시간이 지날수록 어려운 상황에서도 쉽게 용기를 내고 희망을 보는 내적 습관이 길러집니다. 이렇듯 반복된 생각과 감정은 우리 내면의 성격적 경향을 강화하여, 마침내 인격의 일부가 됩니다. 강박적인 생각이나 중독, 특정 감정에의 집착 등도 사실은 모두 동일한 메커니즘으로 설명됩니다. 우리가 무의식적으로 반복해 온 반응이 하나의 강력한 생각의 에너지체들을 만들어 냈고, 그것이 되돌아와 다시 동일한 반응을 자극함으로써, 어느새 스스로 통제하기 어려울 만큼 강대한 성격적 특징으로 자리 잡는 것입니다.

이런 의미에서 인격이란 어떤 고정불변의 실체가 아닙니다. 오히려 지금 이 순간의 인격은 과거에 우리가 스스로 만들어 낸 수많은 생각 에너지체들의 총합이라 할 수 있습니다. 다시 말해, 현재의 성격과 성향은 다름 아닌 내가 이전에 생각하고 느껴 온 바의 결과인 것입니다. 신지학에서는 인간의 참자아의 몸체인 원인체(Causal Body)에 이러한 생각과 행위의 풍화(風化)가 축적되어 성격을 형성한다고 설명합니다. 우리의 습관적인 사고와 감정은 상위의 원인체 물질에까지 흔적을 남겨, 윤회를 넘어 지속되는 성격적 씨앗을 이루고 있는 것입니다. 요컨대 지금의 '나'는 이전까지 내가 품어온 생각과 욕망의 산물이며, 앞으로 내가 어떤 사람으로 변모할지 역시 지금 내가 어떤 생각과 욕망(감정)을 키우는가에 달려 있습니다.

흥미롭게도, 이러한 생각 에너지의 관점은 현대 과학의 통찰과도 맞닿아 있습니다. 뇌과학에서는 "뉴런이 함께 발화하면 연결된다"라고 하여, 반복적인 사고가 두뇌 회로의 강화를 가져온다고 합니다. 신지학이 말하는 생각 습관의 형성 역시, 물질적 두뇌 차원을 넘어 심령적·정신적 차원에서의 회로 형성으로 이해할 수 있습니다. 중요한 것은 무의식적으로 형성된 습관이라 해도 의식적인 의지를 통해 충분히 변화시킬 수 있다는 사실입니다. 처음에는 우리가 자유로운 의지로 시작했던 작은 생각들이 습관으로 굳어지면 오히려 우리를 구속하지만, 다시 새로운 의식적 노력을 통해 그 굴레를 소멸시킬 수 있습니다. 실제로 우리는 완전히 백지상태의 마음으로 태어나는 것이 아니라 이미 과거 자신이 만든 습관의 족쇄를 차고 출발하지만, 그 고리를 닳게 만들어 끊어 내는 일 또한 우리 내면의 자유로운 정신 작용으로 가능합니다. 그것은 누군가가 대신해 주는 것이 아닙니다. 그래서 현재 나를 제한하는 부정적인 사고 습관이 있다면, 이제부터 반대 성질의 긍정적 생각을 의식적으로 반복함으로써 서서히 묵은 사슬을 끊어 낼 수 있습니다. 이렇듯 자신의 인격에 대한 완전한 책임과 변화의 가능성을 깨닫는 것이 곧 카르마의 지혜라고도 할 수 있을 것입니다.

생각 에너지체와 이를 생성한 사람 사이의 관계에서 또 한 가지 눈여겨볼 점은, 우리가 내보낸 생각들은 다시 그것과 유사한 바깥의 에너지를 끌어당긴다는 것입니다. 우리는 각자 하나의 자석과 같아서, 자신이 방출한 것과 비슷한 파장을 가진 외부의 생각의 에너지체들을 다시 끌어모읍니다. 이 과정에서 우리는 외부 세계로부터 힘의 보충을 받게 되는데, 어떤 종류의 에너지를 끌어들이는지는 전적으로 우리 내면 상태에 달려 있습니다. 선하고 이타적인 마음을 지닌 사람은 자애로운 에너지체들의 무리를 자기 주위에 끌어들여, 때로는 스스로도 놀랄 만한 좋은 결과를 이루기도 합니다. 반대로 불결하고 이기적인 생각에 젖어 있는 사람은 해로운 존재들을 끌어당기게 되고, 그로 인해 본인조차 이해할 수 없는 극단적 악행을 저지르기도 합니다. 후자의 경우 흔히 "무슨 악령에 씌었었나 봐"라고들 하지만, 사실 이는 완전히 그릇된 말은 아닙니다. 그 사람 자신의 내면의 악한 진동이 외부의 유사한 정령적 힘을 끌어들였고, 그 힘이 그의 악행을 부추겼기 때문에 벌어진 일이기 때문입니다. 그러나 한편으로 선한 사람은 자신의 강한 도덕적 아우라를 통해 불결하고 파괴적인 모든 에너지를 자동적으로 밀어내 버립니다. 마치 보이지 않는 방패막이가 쳐진 듯, 악한 진동이 접근조차 하지 못하게 되는 것입니다. 이처럼 우리 내면의 파동은 곧 우리 현실의 인연을 불러들이거나 막아 내는 역할까지 수행합니다. 결국 "내가 곧 나의 환경"인 셈이며, 선인이 선한 삶을, 악인이 악한 운명을 경험하게 되는 것에는 이와 같은 보이지 않는 에너지 작용이 저변에 깔려 있습니다.

3) 집단의식과 운명의 공명

다시 한번 강조하지만 인간의 생각-에너지체는 유사한 파장을 가진 다른 생각-에너지체와 자연스럽게 끌어당겨져 우리의 생각 에너지체들은 혼자 존재하지 않고, 항상 유사한 파장을 지닌 다른 생각의 에너지체들과 서로 끌어당기며 응집하는 성질이 있습니다. 개별적인 생각이 모이면 더 큰 집단적 에너지장을 형성하는데, 이는 가정이나 지역사회, 국가, 인류와 같은 집단의식을 구성하는 보이지 않는 바탕이 됩니다. 즉, 수많은 사람들이 발산한 수많은 생각의 에너지체들이 공명 현상에 의해 뭉쳐서 집단적 생각-에너지체를 만들고, 그것이 해당 집단 특유의 심리적·정신적 분위기(에너지장)를 이루는 것입니다.

우리는 태어나서부터 이미 이러한 집단 에너지의 바닷속에서 숨 쉬고 있습니다. 각 나라 민족, 문화권에는 오랜 세월 그 구성원들의 생각과 감정이 축적되어 형성된 공동의 감정적이며 정신적 분위기가 존재하며, 사람들은 누구나 그 국민적·문화적 분위기 속에서 생각하고 느끼게 됩니다. 마치 물고기가 물의 색과 흐름 속에서 헤엄치듯, 우리는 집단 무의식의 거대한 강 속에서 개별자로서 살아가는 것이지요.

이 집단적 심령 분위기는 일종의 인식의 필터 역할을 합니다. 우리는 어떤 대상을 지각하거나 사색할 때 자신이 속한 집단의 일반적인 관념과 정서를 통과하여 받아들이게 됩니다. 그 결과 동일한 생각이라도 어느 문화권 사람에게는 쉽게 이해되고 자연스러운 것이 다른 문화권 사람에게는 전혀 받아들이기 어려운 것으로 느껴지기도 합니다. 예컨대 동일한 개념이나 제스처도 한 사회에서는 예의로 통하고 다른 사회에서는 무례로 간주되는 일이 생깁니다. 같은 생각이 힌두인, 영국인, 러시아인의 마음에 각기 투영될 때 서로 전혀 다른 색채를 띠게 된다는 지적은 이러한 현상을 잘 표현합니다. 이처럼 우리는 모두 어느 정도 국가적·민족적 정신적 분위기의 지배를 받으며, 그것이 우리의 관념 형성에 보이지 않는 영향을 미칩니다. 한 걸음 더 나아가, 한 사회에 널리 퍼진 고정관념이나 정서는 그 사회 구성원 각자의 개인적 카르마의 발현 폭마저 제한하기도 합니다. 마치 색안경을 끼고 세상을 보면 모든 것이 그 색으로 보이는 것처럼, 집단적인 편견과 분위기 속에서 우리는 왜곡된 지각을 하거나 한계 지어진 선택을 하게 될 수 있다는 것입니다. 이러한 집단의 정신적 분위기는 일종의 거대한 카르마적 한계로 작용하며, 우리가 극복해야 할 도전으로 다가오기도 합니다.

집단적으로 형성된 생각-에너지체의 영향력은 매우 광범위하여, 개인의 수준을 넘어 역사적 사건들에도 영향을 줍니다. 집단 에너지체는 그 자체로 하나의 강력한 힘이기 때문에, 서로 비슷한 성향의 집단 에너지체끼리는 서로 공명하여 증폭되고, 반대 성향의 것들끼리는 충돌합니다. 이것이 사회적 현상과 역사의 심층 동력입니다. 예를 들어 한 집단에 극단적인 분노와 증오, 배타심이 축적되어 강력한 에너지 집단을 이루면, 이는 다른 집단에 잠재된 유사한 부정적 에너지를 자극하여 서로 적대감이 폭발적으로 증대될 수 있습니다. 이러한 집단 간의 증오 에너지의 충돌은 마침내 전쟁이라는 물질계 현실로 나타나곤 합니다. 실제로 인류 역사에서 벌어진 수많은 전쟁은 단순히 정치 지도자들의 이해관계 산물이 아니라, 오랫동안 누적되어 온 집단적 원한과 공포, 이기심의 에너지장이 임계점을 넘어서면서 물리적으로 발현된 집단 카르마로 볼 수 있습니다. 이처럼 세상의 크고 작은 역사적 사건들은 궁극적으로 인류의 집단 무의식 속에 쌓인 에너지의 결과라는 통찰은 신지학이 우리에게 제공하는 중요한 깨달음입니다.

심지어 거대한 천재지변이나 사회적 격변도 이러한 집단적 생각-에너지체의 산물일 수 있습니다. 여러 사람이 뿜어낸 파괴적이고 난폭한 생각-에너지체들이 심령계에 거대한 소용돌이를 일으키고, 그것이 물질계에 투영되어 폭풍이나 지진, 홍수 등의 재해를 유발하는 배후 원인으로 작용하기 때문입니다. 물론 모든 자연현상을 인간이 만들어낸다고 할 수는 없겠지만, 인과법칙의 거시적 관점에서 볼 때 인류 공동의 정신적 카르마는 지구적 사건들에도 많은 부분 영향을 미치고 있습니다. 이것은 우리가 함께 만들어가는 운명과 현실의 무게를 일깨워 줍니다. 개인의 생각과 행동뿐만 아니라 우리 집단의 의식 상태가 결국 우리 모두의 현실에 구체적인 결과를 가져온다는 사실을 알게 되면, 더 나은 세상을 위해 자신과 주변의 의식을 정화하는 일이 얼마나 중요한지 자연스레 깨달을 수 있습니다.

요컨대 우리는 각자 자신의 운명을 창조할 뿐 아니라, 서로 연결된 집단의 운명을 함께 짓고 있습니다. 우리 내면에서 시작된 작은 생각 하나가 개인의 인격을 형성하고 삶의 궤적을 만들 뿐 아니라, 파급되어 사회와 세계의 분위기를 바꾸고 궁극적으로 인류사의 흐름까지 형성합니다. 운명의 작동 원리를 이처럼 에너지적·구조적 관점에서 이해하면, 더 이상 인간이 보이지 않는 운명에 끌려다니는 수동적 존재가 아님을 알 수 있습니다. 오히려 우리는 매 순간 생각과 의지의 에너지를 통하여 스스로 운명을 빚어내는 창조자인 것입니다. 그리고 바로 그렇기 때문에, 카르마의 법칙은 우리에게 완전한 책임과 동시에 위대한 희망을 안겨 줍니다. 지금 이 순간 우리가 무슨 생각을 품고 어떤 마음의 씨앗을 심느냐에 따라 미래의 운명이 얼마든지 바뀔 수 있기 때문입니다.

2. 아카샤 기록과 카르마의 대천사들

우리가 창조한 모든 생각, 감정, 행동은 우주에서 흔적 없이 사라지지 않습니다. 그것들은 우주의 기억 저장소인 아카샤에 하나의 생생한 진동으로 새겨져, 마치 거대한 필름이나 정밀한 데이터베이스처럼 모든 의식의 움직임을 간직하게 됩니다. 이 아카샤는 단순한 추상 개념이 아니라, 인간의 모든 의도와 경험이 정밀하게 기록된 살아 있는 에너지 장(場)입니다.

이 거대한 기록 시스템은 위대한 카르마의 대천사들에 의해 관리되며, 그 안에서 두 위대한 역할이 뚜렷하게 구분됩니다. 하나는 리피카, 즉 '운명의 기록자'들이고, 다른 하나는 마하라자, 곧 '운명의 실행자'들입니다. 이들은 우리가 스스로 만든 원인들을 분석하고, 그에 따른 삶의 조건을 설계하며, 다시 우리가 그 결과를 경험할 수 있도록 안내하는 우주적 설계자이자 조력자들입니다. 이들은 결코 심판자나 외부적 통제자가 아닙니다. 그들은 다만, 우리가 만든 카르마의 에너지를 읽고, 그것이 가장 교육적이고 자비로운 방식으로 실현될 수 있도록 삶의 환경과 조건을 설계해 줄 뿐입니다.

운명의 기록자: 리피카

'리피카'는 산스크리트어로 '기록하는 이들'을 의미합니다. 이들은 수많은 생애에 걸쳐 한 영혼이 쌓아온 모든 생각과 감정, 행동의 진동을 아카샤에서 읽어 내는 존재들입니다. 그들은 아카샤에 새겨진 카르마의 전체 기록을 살피고, 그중에서도 이제는 겪을 준비가 된 카르마, 즉 배움과 통찰을 이끌어 낼 수 있는 성숙한 카르마만을 선별해 냅니다.

이 과정을 통해 리피카는 영혼의 다음 생에 펼쳐질 운명의 밑그림을 그립니다. 이 밑그림에는 겪어야 할 사건들의 핵심 테마, 관계 속에서 마주할 역할, 스스로 풀어 나가야 할 내면의 과제 등이 담겨 있습니다. 마치 교육자가 학생의 수준과 과거 이력에 맞춰 적절한 커리큘럼을 구성하듯, 리피카는 영혼에게 필요한 정확한 배움의 장면들을 선정합니다.

운명의 실행자: 마하라자

'마하라자'는 '위대한 왕들'이라는 뜻을 지닌 존재들로, 리피카가 설계한 운명의 밑그림을 구체적 현실로 구현하는 역할을 맡고 있습니다. 이들은 리피카의 계획서를 받아, 그것을 토대로 인간의 삶을 구성할 정밀한 에너지 구조를 짜고 조립합니다. 그들이 설계하는 가장 중요한 에너지 구조물이 바로 에테르체, 즉 다음 생의 육체와 환경을 에너지 수준에서 미리 짜놓는 보이지 않는 설계도입니다.

마하라자는 이 에테르체를 구성할 때, 과거 생애에서 영혼이 창조한 생각의 에너지체—즉 강한 감정과 의도가 응축된 정신적 에너지 덩어리들—의 '정수'를 선별하여 그 재료로 사용합니다. 이 정수들은 마치 건축 재료와 같으며, 영혼의 새로운 삶의 구조를 짜는 데 쓰입니다.

1) 전반적 운명 설계의 원칙

운명은 외부에서 무작위로 주어지는 사건들의 집합이 아닙니다. 우리가 이전 생애와 지금 이 순간까지 무의식적으로 만들어온 생각과 감정의 에너지체는 아카샤에 그대로 새겨지고, 그것이 다음 생의 '삶의 조건'을 구성하는 기본 데이터로 사용됩니다. 이것이 운명의 재료이며, 카르마의 대천사들은 이 재료의 진동 패턴을 해석하여 다음 생에서 영혼의 성장이 가장 효율적으로 이루어질 수 있는 배움의 장면을 설계합니다.

그 설계에는 언제, 어디에서 태어날지, 어떤 기질을 지닌 몸을 입을지, 어떤 가족과 사회 환경에 놓일지가 포함됩니다. 그러나 그 중심은 오직 하나입니다. 그 영혼이 무엇을 배워야 하는가? 그리고 그 배움을 가장 효과적으로 끌어낼 수 있는 상황은 무엇인가? 운명의 설계자들은 이 질문에 대한 정답을, 오직 우리가 남긴 생각의 에너지체의 진동 속에서 찾아냅니다.

2) 육체적 조건의 설계

운명 창조 메커니즘의 핵심은 에테르체의 구축이라는 과정에서 특히 두드러집니다. 마하라자들은 우리가 과거에 창조해 낸 수많은 생각-에너지체들의 '정수(essence)'를 한데 모아, 다음 생의 정밀한 에너지 청사진인 에테르체를 구성합니다. 이 에테르체는 눈에 보이지 않지만 실제 우리 육신의 에너지적 틀로 작용하여, 새로운 생명이 모태에서 자랄 때 그 육체가 어떤 형태와 성질을 갖추게 될지를 결정짓습니다. 태아기부터 에테르체가 일종의 몰드(mold)가 되어 세포와 기관이 형성되는 방향을 이끌고, 그렇게 만들어진 육체는 결국 이전 생에서 형성된 카르마의 진동을 고스란히 담은 그릇이 되는 것입니다.

에테르체에 새겨진 에너지 패턴이 곧 우리의 구체적인 육체적 운명을 결정합니다. 예를 들어, 과거 생애에서 타인에게 베푼 선행과 자비의 행위들은 조화로운 생각-에너지체를 만들어 내며, 이는 강건하고 균형 잡힌 에테르체를 구성하는 재료가 됩니다. 그렇게 만들어진 에테르체는 다음 생에 건강한 신체와 타고난 재능으로 나타나게 마련입니다. 반대로, 과거에 저질렀던 잔혹한 행동이나 방종과 악습으로 인해 발생한 파괴적인 생각-에너지체는 에테르체에 불균형과 결함을 남기게 되고, 이는 선천적인 신체 장애나 특정 질병에 걸릴 소질로 이어질 수 있습니다. 실제로 애니 베전트는 "지난 삶에서 방탕과 중독으로 자신의 몸을 해쳤던 이는 알코올 중독으로 신경이 약해진 부모에게서 태어나 선천적으로 허약한 육체를 물려받게 된다"라고 설명합니다. 이처럼 육체의 조건은 결코 무작위적인 불행이나 행운이 아니라, 과거에 형성된 에너지 패턴의 직접적인 결과물입니다.

한 가지 깊이 새겨 둘 통찰은, 우리가 지난 생애에서 의식적인 노력으로 연마한 미덕과 능력들은 더 이상 추상적인 개념이 아니라 에테르체의 구조에 영구히 각인된다는 사실입니다. 예를 들어 어떤 사람이 용기나 자비 같은 덕목을 꾸준히 실천하여 마침내 그것이 제2의 천성으로 굳어지면, 그 덕성의 진동은 에테르체에 영구적인 파동 무늬를 새깁니다. 그리하여 이러한 미덕은 다음 생에 타고난 품성, 자질, 재능으로 드러나며, 말 그대로 정신적 특성이 생물학적 특성으로 전환되는 진화의 다리가 됩니다.

3) 사회적 환경의 결정

완성된 에테르체는 그 영혼만의 고유한 진동수를 지니게 되며, 이 진동수는 자석처럼 그 영혼을 가장 알맞은 시간과 공간으로 끌어당깁니다. 다시 말해, 우리가 어느 나라, 어떤 시대, 어떤 가족과 사회 속에 태어나는 것은 결코 우연이 아니라, 에테르체의 파장이 그 환경과 공명하기 때문입니다.

운명의 설계자들은 한 영혼의 에테르체가 지닌 에너지적 특성을 살펴보고, 그 영혼의 성장에 최적인 무대를 신중하게 선정합니다. 이를테면 예술적 재능, 특히 음악적 소질을 발전시켜 온 영혼이라면 섬세한 신경 체계와 예술적 환경을 제공해 줄 수 있는 음악가 가문으로 이끌릴 것입니다. 또한, 과거 생에 특정 민족을 억압하고 착취했던 이들은 집단 카르마의 균형을 맞추기 위해 다음 생에 그들과 동일한 민족의 일원으로서 어려운 삶을 살게 될 수 있습니다. 가령 이전 생에 가해자였던 영혼이 이번 생에는 피해자의 입장으로 태어나 같은 고통을 겪어 봄으로써 깨달음과 속죄의 기회를 갖게 되는 것입니다. 이렇듯 개인의 운명뿐 아니라 사회적·집단적 운명 역시 우리가 과거에 만들어 낸 원인들의 파동에 따라 정밀하게 조율됩니다. 우리의 육체적 조건과 삶의 환경 그 자체가 과거 행위의 살아 있는 기록인 셈입니다.

　마지막으로, 운명의 설계 메커니즘을 이해하면 할수록 한 가지 분명해지는 사실이 있습니다. 우리는 각자 자신의 운명을 스스로 빚어내는 창조자이며, 우주는 단지 그에 응답하여 공명해 줄 뿐이라는 점입니다. 카르마의 법칙 아래, 어떤 영혼도 자신이 뿌리지 않은 것은 거둘 수 없고 남이 대신 치러 줄 수 없는 완전한 정의가 실현됩니다. 운명의 관리자들은 이 거대한 공정을 집행할 뿐, 그 내용은 우리 자신이 써 내려간 것입니다. 결국 신성한 우주적 질서 안에서 우리의 의식은 절대적인 책임과 동시에 무한한 창조력을 지니고 있습니다. 오늘의 생각과 선택이 내일의 현실을 빚어낸다는 깨달음은, 운명의 희생자가 아닌 운명의 주인으로서 살아갈 수 있는 열쇠가 되어 줄 것입니다.

3. 자신의 운명을 창조하는 법

우리가 자신의 운명을 무의식적으로 창조하는 과정을 이해했다면, 이제 그 창조의 주도권을 의식적으로 되찾을 차례입니다. 카르마는 우리를 속박하는 쇠사슬이 아니라, 우리가 활용할 수 있는 우주의 법칙입니다. 이 법칙을 이해하고 다루는 법을 배우는 것이 바로 운명의 연금술입니다.

1) 카르마의 원리의 이해와 활용

과학자들은 자연의 법칙을 깨트리려 노력하지 않습니다. 오히려 과학자들은 중력의 법칙이 불변함을 신뢰하기에, 공기역학과 추력이라는 다른 법칙을 활용하여 비행기를 하늘로 띄울 수 있습니다. 법칙의 불변성과 예측 가능성이야말로 과학적 성취의 기반입니다.

마찬가지로 자신의 운명이 결정되는 카르마도 이와 같습니다. 우리는 과거에 만들어진 카르마의 법칙 자체를 없앨 수는 없습니다. 그러나 우리는 그 법칙을 이해함으로써, 현재의 시점에 새로운 원인을 의도적으로 투입할 수 있습니다. 과거의 증오라는 원인이 현재 고통이라는 결과를 낳고 있다면, 우리는 지금 이 순간 용서와 사랑이라는 더 우월한 원인을 투입하여 그 부정적인 결과를 상쇄하고 중화시킬 수 있습니다. 우리의 자유는 법칙을 거부하는 데 있는 것이 아니라, 새로운 원인을 창조할 수 있는 우리의 능력에 있습니다. 이 지식은 우리를 운명의 수동적 피해자에서 원인의 능동적 창조자로 변모시킵니다.

2) 운명을 창조하는 세 가지 핵심 동력

우리의 미래는 세 가지 근원적인 힘, 즉 생각, 욕망(감정), 행동에 의해 창조됩니다. 이 세 가지 힘이 각각 어떻게 우리의 운명을 구성하는지 이해하는 것은 매우 중요합니다.

(1) 생각: 인격과 능력을 빚어내는 힘

우리의 생각은 내면세계를 만드는 힘입니다. 반복되고 집중된 생각은 정신적 습관을 만들고, 이 습관들이 축적되어 다음 생의 인격(Character)과 능력(Abilities)을 형성합니다.

(2) 욕망: 기회를 끌어당기는 힘

우리의 욕망은 외부 세계의 것들을 끌어당기는 힘입니다. 우리가 무엇을 갈망하는지에 따라 미래에 우리에게 주어질 기회(Opportunity)가 결정됩니다. 지식을 향한 열망은 배움의 기회를, 부를 향한 욕망은 부를 얻을 기회를 끌어당깁니다.

(3) 행동: 환경을 구축하는 힘

우리의 물리적 행동은 외부 세계를 직접적으로 구축하는 작업입니다. 우리가 타인과 세상을 대하는 방식은 미래의 환경(Environment), 즉 우리의 육체적 건강, 가족 관계, 사회적 조건 등을 결정합니다.

이 세 가지 요소는 분리된 것이 아니라, 하나의 통합된 시스템으로 작용하여 우리의 총체적인 운명을 빚어냅니다. 다음 표는 이 인과관계를 명확하게 보여 줍니다.

창조의 원인	매개체	직접적 결과	미래의 운명
생각	정신체	성향과 능력	인격
욕망	심령체	끌어당기는 힘	기회
행동	육체	외부 세계에 대한 작용	환경

3) 의식적 운명 창조를 위한 실천 방법

이론을 넘어 삶을 바꾸기 위해서는 구체적인 실천이 필요합니다. 다음 5단계는 우리를 운명의 진정한 설계자로 만들어 줄 핵심적인 훈련법입니다. 이는 여러 비전(祕傳) 가르침에서 제시된 실용적인 방법들을 종합한 것입니다.

1단계: 매일의 자기 성찰

운명 전환의 첫걸음은 무의식을 의식의 빛으로 가져오는 것입니다. 이를 위해 매일 밤 잠들기 전, 하루 동안의 자신의 생각, 감정, 반응을 판단 없이 관찰하는 시간을 갖습니다. '오늘 동료의 비판에 나는 어떤 분노의 생각-에너지체를 만들었는가?', '운전 중 끼어든 차에 대해 어떤 저주의 마음을 보냈는가?' 등을 차분히 복기하는 것입니다. 이 과정의 목적은 죄책감을 느끼는 것이 아니라, 내가 무의식적으로 어떤 종류의 운명을 만들고 있는지를 정확히 '진단'하는 데 있습니다. 내가 무엇을 창조하고 있는지 보지 못한다면, 결코 그것을 바꿀 수 없습니다.

2단계: 부정적 카르마의 중화

내면 관찰을 통해 부정적인 생각이나 감정의 패턴을 발견했다면, 즉시 그에 반대되는 힘을 의도적으로 적용해야 합니다. 특정 인물을 향한 원망의 생각-에너지체를 만들었음을 인지했다면, 의식적으로 그 사람에게 용서와 축복, 조화의 생각-에너지체를 보내야 합니다. 이것은 막연한 바람이 아니라, 의지를 실어 에너지를 목표 지점에 정확히 투사하는 영적인 기술입니다. 이 실천은 이미 내가 만들어 낸 파괴적인 창조물들이 더 단단한 운명으로 굳어지기 전에 그 힘을 약화시키고 해체하는, 적극적인 카르마의 '부채 상환' 행위입니다.

3단계: 창조의 기술 - 미래의 나를 설계하기

부정적인 것을 중화시키는 동시에, 우리는 원하는 미래를 적극적으로 설계해야 합니다. 매일 단 몇 분이라도, 내가 갖추고 싶은 미덕이나 능력을 생생하게 시각화하고 느끼는 명상을 합니다. 단순히 '용감해지고 싶다'고 생각하는 것을 넘어, 용기라는 감정을 실제로 느끼고, 용감하게 행동하는 자신의 모습을 구체적으로 그려 보는 것입니다. 이 실천은 미래의 인격과 능력이 될 긍정적인 생각-에너지체를 의식적으로 창조하고 양육하는 과정입니다. 이 반복된 생각은 우리의 정신체에 새로운 통로를 만들어, 저절로 그 방향으로 생각이 흐르게 하며, 마침내 에테르체에 각인되어 다음 생의 '타고난 능력'이 됩니다.

4단계: 베풂의 순환 - 상생의 세계 건설하기

"주면 반드시 돌아온다"라는 것은 우주의 회계 원칙입니다. 우리의 행동이 미래의 환경을 결정하기에, 우리는 의식적으로 상생의 환경을 창조해야 합니다. 이를 위한 가장 강력한 방법은 '카르마 요가', 즉 결과에 대한 개인적인 집착 없이 모든 행위를 의무로서, 인류 전체를 위한 봉사로서 수행하는 것입니다. 구체적으로는, 정기적으로 아무런 대가도 바라지 않는 봉사를 실천하는 것이 좋습니다. 내가 베푼 도움의 종류는 미래에 내가 받게 될 환경의 종류를 결정하며, 나의 영적 성장을 도울 고귀한 인연들을 끌어당기는 가장 확실한 투자가 됩니다.

5단계: 집단 의식의 정화 - 전체 속에서의 나의 역할

개인의 카르마는 가족, 지역사회, 국가라는 더 큰 집단 카르마의 그물망 속에 얽혀 있습니다. 세상의 변화는 내가 속한 가장 작은 집단의 분위기를 정화하는 데서 시작됩니다. 가정과 직장 안에서 의식적으로 비난 대신 이해를, 분열 대신 조화의 에너지를 공유하려 노력해야 합니다. 우리 사회를 뒤덮은 정치적, 사회적 증오의 흐름에 무의식적으로 동참하는 대신, 자신의 편견을 자각하고 그 파괴적인 집단 생각-에너지체에 더는 에너지를 보태지 않겠다고 결심해야 합니다. 나의 작은 정화 노력이 내가 속한 공동체의 카르마를 개선하고, 나아가 인류 전체의 의식 상승에 기여하는 첫걸음이 됩니다.

4. 신성한 귀향 - 카르마의 궁극적 목적

지금까지 우리는 카르마가 징벌이나 숙명이 아니라, 모든 영혼을 완전성으로 이끌기 위해 설계된 지극히 공정하고, 지혜로우며, 자비로운 우주의 교육 시스템임을 살펴보았습니다. 우리는 그 법칙이 어떻게 우리의 내면세계에서 시작되어 외부의 운명으로 발현하는지, 그 장엄한 설계 과정을 탐구했습니다.

이제 이 지식과 실천적 도구들로 무장한 우리는, 과거 원인의 무의식적인 결과물로 살아가는 존재에서, 우리 자신의 신성한 진화를 의식적으로 이끄는 강력한 창조자로 거듭날 수 있습니다. 이 책을 덮는 순간부터, 당신의 진정한 '카르마 연구'가 시작됩니다. 매일 "나는 오늘 어떤 원인을 만들었는가?"를 관찰하고, 부정적 패턴을 발견할 때마다 반대 성질의 작은 행동으로 즉시 교정하며, "나는 내 운명의 설계자"임을 꾸준히 되새기는 것. 이 위대한 실험이야말로 당신의 행복하고 풍요로운 미래를 스스로 완성하는 첫걸음이 될 것입니다.

카르마의 궁극적인 목적은 우리를 속박하는 것이 아니라 해방시키는 것입니다. 그것은 모든 영혼을 집으로, 즉 자기 자신의 신성한 본성과 우주적 생명과의 완전한 합일에 대한 깨달음으로 인도하기 위해 설계된 거대한 우주적 메커니즘입니다. 카르마의 법칙을 통한 여정은 결국, 흩어졌던 자아(self)가 본래의 참된 자아(Self)로 되돌아가는 장엄하고 신성한 귀향의 과정입니다. 이 책의 마지막 장을 덮는 순간, 자신의 삶으로 이 진리를 증명하는 위대한 실험이 시작되기를 기원합니다.

감사합니다.

신지학 입문서 시리즈

영적 탐구를 시작하는 당신을 위한 가장 체계적인 지혜의 지도.

1권. 영혼의 몸체와 그 사용법

당신은 단순한 육체가 아닌, 여러 겹의 다차원적 에너지 몸체를 지닌 위대한 존재입니다. 이 책은 당신의 생각, 감정, 습관이 보이지 않는 몸들을 어떻게 형성하는지 과학적으로 밝히고, 일상의 훈련을 통해 잠재력을 깨우고 운명을 스스로 다스리는 실질적인 방법을 안내합니다. 당신 내면의 신비를 여는 첫 번째 안내서입니다.

2권. 윤회, 영혼의 성장과 환생

삶과 죽음은 끝없이 이어지는 영혼의 학교입니다. 왜 환생이 필연적이며, 삶의 고난과 불평등이 어떻게 영혼을 단련시키는지 우주의 설계도와 영혼의 드라마를 통해 명쾌하게 보여줍니다. 당신의 모든 경험이 궁극적인 완성으로 향하는 지혜롭고 자비로운 여정임을 깨닫고, 삶의 의미를 통찰하게 될 것입니다.

3권. 죽음 그 이후

죽음은 소멸이 아닌 의식이 더 넓은 차원으로 이행하는 문턱입니다. 이 책은 영혼이 육신을 벗은 후 거치는 심령계와 정신계의 전 과정을 상세히 추적하는 사후세계 지도입니다. 죽음에 대한 막연한 두려움에서 해방되고, 지금의 선택이 영원한 차원에서 얼마나 중요한지를 통찰하게 됩니다.

4권. 카르마, 운명을 지배하는 법

카르마는 숙명이 아닌, 스스로 미래를 창조할 힘을 부여하는 우주의 과학입니다. 생각, 욕망, 행동이 어떻게 당신의 인격, 환경, 기회를 빚어내는지 그 정교한 작용 원리를 해명합니다. 법칙을 이해함으로써 운명의 파도에 휩쓸리는 대신, 스스로 항로를 개척하는 자유로운 창조자가 될 수 있음을 증명합니다.

5권. 사후세계 탐사 보고서

위대한 투시가 리드비터가 남긴, 사후 세계를 과학적으로 탐사한 기념비적 보고서입니다. 심령계와 정신계의 7가지 구조, 거주자, 물리 법칙을 상세히 공개합니다. 우리의 생각과 감정이 살아있는 에너지체를 창조하여 현실에 미치는 영향을 실증적으로 보여주며, 보이지 않는 세계의 법칙을 아는 자의 책임과 힘을 일깨웁니다.